21世纪经济管理新形态教材·工商管理系列

物业管理法律法规

贺小燕 ◎ 主　编
林常青 ◎ 副主编

清华大学出版社
北京

内 容 简 介

物业管理法律法规是物业管理专业的必修专业课程之一，对于提高学生的专业理论水平和专业素质具有重要的作用。本教材以物业管理法律法规的理论为指导，以案例分析、技能训练为中心，以提高能力为目的，突出应用性、针对性、操作性，注重理论和实践相结合。

本教材适用于应用型本科院校物业管理、社区管理、房地产经营管理等专业教学，也可作为物业服务企业员工培训教材。

本书封面贴有清华大学出版社防伪标签，无标签者不得销售。
版权所有，侵权必究。举报：010-62782989，beiqinquan@tup.tsinghua.edu.cn

图书在版编目（CIP）数据

物业管理法律法规/贺小燕主编. —北京：清华大学出版社，2023.9
21世纪经济管理新形态教材. 工商管理系列
ISBN 978-7-302-64694-5

Ⅰ.①物… Ⅱ.①贺… Ⅲ.①物业管理–法规–中国–教材 Ⅳ.①D922.181

中国国家版本馆CIP数据核字(2023)第185720号

责任编辑：朱晓瑞
封面设计：汉风唐韵
责任校对：王荣静
责任印制：杨 艳

出版发行：清华大学出版社
    网　　址：https://www.tup.com.cn，https://www.wqxuetang.com
    地　　址：北京清华大学学研大厦A座　　邮　　编：100084
    社 总 机：010-83470000　　邮　　购：010-62786544
    投稿与读者服务：010-62776969，c-service@tup.tsinghua.edu.cn
    质 量 反 馈：010-62772015，zhiliang@tup.tsinghua.edu.cn
    课 件 下 载：https://www.tup.com.cn，010-83470332
印 装 者：北京嘉实印刷有限公司
经　　销：全国新华书店
开　　本：185mm×260mm　　印　张：7.75　　字　数：170千字
版　　次：2023年11月第1版　　印　次：2023年11月第1次印刷
定　　价：45.00元

产品编号：098998-01

前 言

物业行业对相关人才的需求逐年递增。据中指研究院数据显示，2022年，物业百强企业的从业人员中，本科及以上人员占比12.12%，大专学历人员占比23.01%，高中学历人员、中专及以下人员占比分别为22.14%和42.73%。物业百强企业从业人员的学历水平延续了过去几年的变化趋势，对高学历、专业型、复合型人才的需求较以往更加明显。

从行业的实际发展和社会需求出发，为了推动行业健康、稳定、持续的发展，也为了培养高学历、专业型、复合型人才，我们特地编写了本教材。

物业管理法律法规是物业管理专业的必修专业课程之一，对于提高学生的专业理论水平和专业素质具有重要的作用。编写该教材出于以下两点原因：

其一，目前市面上80%的物业管理法律法规教材都是高职教材，本科教材寥寥无几。教材内容与专业培养目标及物业实践要求相脱离已成为困扰物业管理法律法规课程本科教学的主要障碍。

其二，2021年1月1日起，《中华人民共和国民法典》正式施行，与此同时《中华人民共和国物权法》《中华人民共和国合同法》等法律法规被废止，教材需要随之更新。

鉴于此，我们参照教育部、住房和城乡建设部相关文件精神，结合编者多年行业实践和课堂教学的经验，吸取物业管理行业中部分企业家和政府主管部门专家的意见，并结合最新的法律法规内容，编写了这本教材。

本教材的编写宗旨是以物业管理法律法规的理论为指导，以案例分析、技能训练为中心，以提高能力为目的，突出应用性、针对性、操作性，注重理论和实践相结合。本教材特点如下：

1. 明确学习目标，构建合理体例。每章有学习目标、本章小结、思考题、案例分析，有利于学生思维能力的提高。

2. 结合行业要求，提升上岗技能。在编写过程中，一方面尽可能突出物业从业岗位必须具备的知识要求，另一方面贯彻物业从业岗位必须具备的技能要求。

3. 强化实务训练，促进能力提升。本教材每章开始有案例导入，同时在每章后都安排了案例分析题，通过理论联系实际，有利于提高学习者分析问题和解决问题的能力，提高其综合素质。

本教材由福建江夏学院物业管理专业贺小燕副教授担任主编，中国物业管理协会林常青副会长担任副主编兼主审。具体分工如下：福建理工大学江明老师编写第一章；贺小燕老师编写第二、三、四、五、七、九、十章；福建江夏学院汪瑞老师编写第六、八章。贺小燕老师负责全书的统筹、修改、定稿工作。福建商学院李冰副教授参与审校了第二章和第四章章节。

本书适用于应用型本科院校物业管理、社区管理、房地产经营管理等专业教学，也可作为物业服务企业员工培训教材。

在本书的编写过程中，得到了清华大学出版社的领导和编辑的大力支持和帮助。在本教材出版之际，谨向给予帮助的各位领导和专家表示衷心感谢。

本书写作时间紧张，工作量大，且编者自身水平有限，书中错误、疏漏在所难免，恳请广大读者和专家批评指正。

编　者
2023 年 6 月

目 录

第一章　绪论 1
　　第一节　物业管理与物业管理法 2
　　第二节　物业管理立法与法律体系 5

第二章　物业管理的法律关系 11
　　第一节　物业管理法律关系的概念与特征 12
　　第二节　物业管理法律关系的产生、变更和终止 18

第三章　物业管理的法律责任 20
　　第一节　物业管理法律责任的概念与构成 21
　　第二节　物业管理法律责任的种类 22

第四章　物业权属法律规定 28
　　第一节　物权 29
　　第二节　业主的建筑物区分所有权 32
　　第三节　共有 37
　　第四章　相邻关系 39

第五章　业主与业主自治组织 43
　　第一节　业主 44
　　第二节　业主大会 48
　　第三节　业主委员会 52

第六章　物业服务企业 57
　　第一节　物业服务企业的设立和组织运行 58
　　第二节　物业服务企业的法律地位及职责范围 62

第七章　物业服务合同 65
　　第一节　合同概述 67
　　第二节　前期物业服务合同 69

第三节　物业服务合同 ·· 71

第八章　前期物业管理的法律规定 ·· 75

　　第一节　物业管理早期介入 ·· 76
　　第二节　物业管理招标投标 ·· 77
　　第三节　物业项目的承接查验 ·· 81
　　第四节　物业的装修管理 ·· 87

第九章　物业服务费用的法律规定 ·· 92

　　第一节　物业服务收费概述 ·· 93
　　第二节　物业服务收费形式与成本构成 ···································· 96
　　第三节　住宅专项维修资金 ·· 99

第十章　物业管理纠纷的防范与处理 ··· 103

　　第一节　物业管理纠纷概述 ··· 105
　　第二节　物业管理纠纷解决的途径 ······································· 108

参考文献 ··· 115

第一章

绪　论

◆ **教学目的**

通过本章的学习，了解物业管理的基本概念及存在的基本问题，熟悉物业管理的起源和发展，掌握物业管理法律法规的立法发展阶段及其在我国法律体系中的地位与作用。

◆ **教学重点**

物业管理的常用法律法规以及各法律法规的调整范围和主要内容。

◆ **教学难点**

物业管理法律体系的构成和物业管理立法的发展趋势。

◆ **案例导入**

案例简介

2006年3月30日，A公司与B小区业主委员会签订了"物业服务委托合同"一份。物业合同约定：B小区业主委员会委托A公司对B小区进行物业管理服务。合同约定的服务期限暂定三年，自2006年4月1日至2009年3月31日止。该物业合同到期后双方未续签，但A公司一直为B小区提供事实物业管理服务。2015年3月31日，B小区业主委员会与B公司签订"委托物业管理合同"一份，合同约定仍由A公司对B小区进行物业管理服务，委托管理期限为三年，自2015年4月1日起至2018年3月31日止。该"委托物业管理合同"到期后双方未续签，但A公司在为B小区提供事实物业管理服务。邱某系B小区1-3-601号的业主，房屋建筑面积220.28 m^2，但是邱某拖欠2013年3月1日至2021年9月18日物业管理费用合计21499.31元，经过A公司多次催缴，其均未缴纳，故诉至法院。

邱某辩称，A公司自2013年3月1日起就一直未按约定提供物业管理服务，屋顶漏水问题长期未解决，车上财物在小区被盗、车辆多次被砸窗、被剐蹭、被破坏，小区公共区域管理无序、卫生清洁不到位、小广告乱贴、楼道灯常坏、环境绿化破败,没有公布收支账目,以未缴物业费为由拒绝提供公共维修基金钥匙盘,致使邱某至今未办房产证。邱某提交照片、视频、合同、拆除违建告知书作为证据。

问题:

1. 物业合同到期是否影响物业管理法律关系的延续?
2. 物业管理合同履行情况是否影响物业管理法律权责的履行?

案例分析

依照《中华人民共和国民法典》(以下简称为《民法典》)第五百七十七条"当事人一方不履行合同义务或者履行合同义务不符合约定的,应当承担继续履行、采取补救措施或者赔偿损失等违约责任"、第九百三十九条"建设单位依法与物业服务人订立的前期物业服务合同,以及业主委员会与业主大会依法选聘的物业服务人订立的物业服务合同,对业主具有法律约束力"、第九百四十四条"业主应当按照约定向物业服务人支付物业费。物业服务人已经按照约定和有关规定提供服务的,业主不得以未接受或者无须接受相关物业服务为由拒绝支付物业费"的规定,业主委员会与业主大会依法选聘的物业服务人订立的物业服务合同,对业主具有法律约束力。案例中B小区业主委员会与A公司签订了《前期物业服务合同》,A公司为邱某所在房屋提供物业服务至2021年9月18日,且邱某接受了A公司提供的物业服务,应按照合同约定缴纳物业费。

根据邱某提交的证据,可以认定A公司对邱某提供的物业服务存在瑕疵。总体上,原告已基本按协议的约定履行了相关的物业服务。依照《民法典》第五百七十七条"当事人一方不履行合同义务或者履行合同义务不符合约定的,应当承担继续履行、采取补救措施或者赔偿损失等违约责任"的规定对A公司主张的物业费予以酌减,同时对A公司主张的物业费滞纳金不予支持。

第一节 物业管理与物业管理法

物业管理起源于英国,最早于20世纪50年代由西方传入中国香港,并于20世纪80年代开始逐步在中国内地发展起来。随着物业管理行业的快速发展,由于缺乏物业管理方面的法律法规,物业管理行业受到不少的束缚和制约,使得这一个新兴行业的发展存在很多问题,无法得到及时解决。例如,物业服务企业侵犯业主权益,无法保障业主自治权实现等。这些问题的存在,阻碍了整个物业管理行业的发展,并且随着社会经济的不断提高,许多新的物业管理纠纷和问题层出不穷,例如,物业管理机构不健全、业主自治机构法律地位不明确等问题。正是在此背景下,深圳于1994年颁布了中国内地第一部物业方面的地方性法规,国家和各地从行业长远发展目标着手,结合实际情况,陆续颁布施行了许多法律法规。但整体上来说目前我国物业管理法律法规立法活动往往晚于物业管理实践的发展。

一、物业管理的概念

物业管理又称物业服务或物业管理服务，目前业界对物业管理的概念没有一个统一的解释，大多学者倾向于将其解释为广义的物业管理和狭义的物业管理两种概念。广义的物业管理是指业主对自己在物业管理区域内的物业进行的自治管理和业主委托物业服务企业进行的专门管理的结合。狭义的物业管理是指依法成立的物业服务企业通过物业服务合同接受特定业主或业主集体的委托。这里根据《中华人民共和国物业管理条例》（以下简称《物业管理条例》）第二条规定："本条例所称物业管理，是指业主通过选聘物业服务企业，由业主和物业服务企业按照物业服务合同约定，对房屋及配套的设施设备和相关场地进行维修、养护、管理、维护物业管理区域内的环境卫生和秩序的活动。"

二、物业管理起源及发展

业界普遍认为物业管理起源于19世纪60年代的英国。当时英国由于受工业革命的影响，很多人都转入城市居住，人们对城市住宅房的需求不断增多。由于当时没有物业管理的概念，社会上普遍存在住宅小区混乱、房屋破损、居住环境逐渐恶化等问题。在此背景下，英国奥克塔维亚·希尔（Octavia Hill）对其出租的物业制定了一套规范租户行为的管理制度，并取得了良好效果，引起当地人士的纷纷效仿。她提出的方法可以说是世界上最早的物业管理。后来在英国政府的支持下，世界上第一个非营利性的物业管理行业组织——英国特许屋宇经理学会成立。之后国外许多国家都开始学习英国的物业管理，借鉴其成功的经验。但学界普遍认为现代物业管理诞生在美国。1908年美国芝加哥摩天大楼的管理者霍尔特组织了"芝加哥建筑物管理人员组织"，并召开了第一次全国性工作会议——宣告了世界第一个专业的物业管理组织诞生。几年后美国成立了"建筑物业主组织"，并在此基础上组建了"建筑物业主与管理人员协会"。这极大地推进了现代物业管理在世界范围内的传播和发展。

20世纪80年代我国沿海地区首先改变了传统的土地制度，采取许多优惠的政策吸引外资引入，这也促进了当地房地产业的复苏和快速发展，物业管理也开始兴起。1981年3月深圳成立了物业管理公司，并于1994年颁布了地方性物业管理法规《深圳经济特区住宅区物业管理条例》，为物业管理行业的规范化奠定了基础。其后北京、上海等地区也相继制定出台了地方性物业管理法规，进一步推动了城市物业管理的发展，使全国各地物业管理工作进一步规范化和法制化。随着房地产作为生产生活商品步入市场流通，其配套的物业管理服务也随之活跃

扩展阅读 1-1

起来，并得到发展完善，通过进一步的细化分工，给广大业主带来了便利。自此中国物业管理事业在经历了漫长的起步阶段过后，逐渐走入繁荣发展的新时期。

三、现行物业服务实践存在的问题

虽然物业服务作为近几年快速发展的全新模式，满足了人们个性化、多元化的社会生活需求，为提升人们生活品质，促进社会经济发展，建设和谐社会做出了重大贡献，是新时期社会主义建设的重要一环，但是由于内外部等多方面的原因，物业服务存在以下缺失和不足。

（一）各地方物业管理立法滞后

虽然《民法典》大幅推进了我国物业管理法制建设的水平，但有些地方性法规在制定过程中常常局限于对国外成功经验的模仿，不符合中国国情，无法正确指引本地物业管理的发展；物业管理方面缺乏高位阶的权威性的专门物业管理法律规范，地方性法规彼此不一致，各地规定存在一定的冲突现象，有碍于物业管理行业的发展。

（二）业主自治机构制度不完善

业主自治机构包括业主大会和业主委员会，业主大会是业主行使物业管理权的组织形式，业主委员会为业主大会的执行机关。但目前虽然予业主委员会享有一定的民事权利能力和行为能力，但未明确其是否具有独立的法人资格，是否有权作为独立的诉讼主体参与民事诉讼，保障业主的权利，这阻碍了业务对自身权益的维护。同时在现实生活中，由于物业管理法律法规只是笼统地规定了业主及业主大会的职责和权利，对业主委员会的业主委员会缺少有效运行机制指导，并且广泛存在小区业主主权意识不强和缺乏有关行政部门必要干预的现象，造成业主自治机构监督缺失，从而经常发生业主委员会损害业主合法权益的情况。

（三）物业服务单位权责不明确

作为物业服务的权责基础的物业服务合同的性质目前还存在争议。委托合同、雇佣合同，或承揽合同，造成对同一问题有不同的处理的情况，不利于物业服务的长远发展。由物业服务合同带来的物业服务费缺乏收缴保障机制，导致物业收费难的问题广泛存在。同时，物业服务单位的功能是管理还是服务目前还存在广泛分歧，这不利于物业管理单位积极地履行义务，摆正自己的位置，推动物业服务行业的稳步发展。

（四）住宅专项维修资金管理不到位

住宅专项维修资金是专项用于住宅共用部位、共用设施设备保修期满后的维修和更新、改造的资金。目前由于法律法规规范在这方面的缺失，监管不当，导致存在行政机关监管过于严厉，资金使用程序复杂，专项维修资金使用困难，物业服务单位和开发商挪用业主的专项维修资金的情况。

如何切实地保障业主的合法权益，促进物业管理行业健康稳定的发展，就需要不断地完善物业管理法律法规，健全我国物业管理法制建设。

第二节 物业管理立法与法律体系

物业管理在服务人们的生活的同时也出现了许多问题。为了规范物业管理活动,提高业主生活质量,促进城市管理工作,保护物业管理过程中相关主体的合法权益,就需要国家和地方根据内外的基本诉求通过立法制定相关物业管理法律制度,协调物业管理区域内相关主体利益,维护社会和谐,涉及民事经济等法律关系的有机联系的系统。我国的物业管理法律制度受到西方物业管理法律制度的影响,并在此基础上结合国家发展的需要和自身特点逐步进行了优化,为人们的生活带来了便利,满足了人们对物质发展水平的需要。

一、物业管理立法进程

四十多年来,中国物业管理立法也走过了初始起步、规模化发展、精细化调整、系统化建设这四个阶段。尤其是《民法典》的颁布,进一步推进了物业管理改革和法治建设,为缓解物业管理立法滞后,提升物业管理的司法审判、行政执法、纠纷处理能力提供了强有力的法律依据。

扩展阅读 1-2

经过四十多年的物业管理立法发展,我国的物业管理已经进入新的历史发展时期。全面深化物业管理的市场化改革,加强物业管理法治建设,维护业主、物业服务单位及物业管理各方的合法权益,营造安全、舒适、文明、和谐的工作和生活环境,才能进一步推动物业管理行业发展再上新的台阶。

二、物业管理法的地位和作用

(一)物业管理法的地位

随着我国经济的快速发展,建筑行业取得了前所未有的成就,因此物业管理行业也随之蓬勃发展。可以说物业配套服务水平的高低,不仅是影响小区楼房价格的重要因素,还关乎着千家万户的和谐与舒心。物业管理活动作为我国社会主义市场经济活动的重要一环,需要通过一系列的法律法规和规章制度对其进行规范、推动和保障,促进物业管理行业的长远发展。物业管理法地位主要体现在以下几个方面。

(1)物业管理法是一系列法律法规和规则制度的总称,是我国法律体系和社会和社会主义法制建设的一个重要组成部分,既具有民事法律规范性质又具有行政法律规范性质。其民事性质主要体现在物业买卖、抵押、租赁、物业合同签订等市场行为,其行政一般体现在物业权属登记、物业管理合同备案等行政行为。

(2)物业管理法是社会主义和谐社会的重要组成部分。物业管理法的缺乏会阻碍物业管理水平的提升,而物业管理水平直接与人们的生活品质和人与人之间生活矛盾相联系,直接关系到国家发展需要的和谐社会环境。

（3）物业管理法是保障审核社会主义经济活动的重要一环。房地产在我国经济活动占有重大的比重，物业管理的好坏直接决定了物业水平和后续价值的维护，物业管理法可以有效维护物业管理活动各平等主体的合法权益，促进物业管理单位的持续发展，对推进物业管理行业的规范化建设有着十分重要的作用。

（二）物业管理法的作用

物业管理关系到千家万户的权益，物业管理法作为规范物业管理活动，指导物业管理行业发展的一系列法律法规，对维护业主权益，促进物业管理行业发展，构建和谐社会起到了巨大的促进作用，具体可以分为以下几个方面。

1. 有利于物业管理行业的长期稳定发展

由于我国的物业管理行业起步比较晚，物业管理活动还很薄弱，存在着很多问题。首先，由于历史变革遗留存在物业性质多样化的原因，我国存在不少所有权关系不明晰的物业。而物业管理是物业管理单位受物业产权人委托所实行的物业管理服务活动，产权明晰是活动开展的基础。这就带来诸如很多住宅小区房屋的共用部位、共用的设施设备及小区配套的房屋、设施设备、道路、场地等产权界定尚未明确，责、权、利难以界定的问题，这给物业管理活动带来诸多困难。其次，传统物业建设和管理之间缺乏有效衔接，这使得一些物业开发项目在规划设计和施工阶段遗留下较多问题，造成后期物业管理活动存在先天不足的情况。例如，有的开发商建设的项目质量低劣，相关配套设施不完善，有的开发商甚至在销售物业的时候对后期物业管理做出不切实际的承诺，给后续的物业管理活动带来巨大的困难。最后，有些地区物业管理双向选择的市场机制尚未建立完善，这不利于充分发挥市场的调节作用，促进当地物业管理行业的长期发展。因此，为了维护和促进物业管理市场秩序的良性发展，应当通过法律的形式，规范物业管理市场各平等主体间的权利和义务，才能有利于解决以上问题，保障物业管理行业的长期稳定发展。

2. 有利于保障物业管理活动参与者的合法权益

物业管理活动参与者包括国家、公民、法人和其他组织等众多权益相关方。物业管理活动参与者的合法权益是一个多层次统一的整体存在，主要包括物业所有权、物业使用权、物业抵押权和物业租赁权等权益。物业作为当今国家、社会和人民高度重视的一种财产形式，既是重要的生产资料又是必需的生活资料，其本身已成为全民关注的焦点。切实维护物业管理活动各参与者的合法权益，特别是物业所有人或者使用人的利益，有利于社会稳定和和谐发展。例如，通过明确物业管理服务相关费用的收取、定价原则、定价方式和价格构成，可以保障各参与者的权益。

3. 有利于在具体物业管理活动中提供高品质的服务

物业管理的核心内容是物业服务单位为物业所有人或使用人提供满意的人居服务。物业管理服务质量的优劣直接关系到安全舒适的人居环境的创建和保持。物业管理法既是物业管理服务权利和义务约定的法律依据，也是缔约双方日常具体行为的准则。任何法律都有预测的功能，业主所享的权利与物业服务企业提供的服务不能违约，更不能违法。在遵纪守法的前提下，业主和物业服务企业都必须严格履行合同约定。物业服务企业应为业主提供满意的管理和服务。物业管理法在业主与物业服务企业之间因合同的订立与履行发生纠纷时，也是人民法院进行审判的依据。据此，双方在签订合同时即应本着审慎的态度，保证订约时意思表示真实、合同内容合法，合同条款缜密。可见，物业管理法规有为纠纷解决提供法律依据的作用与功能。

三、物业管理法律法规体系

虽然我国物业管理法律体系还不够完善，但是框架已基本形成，大致可以分为以下六个方面。

（1）宪法作为我国的根本大法，对公民权利、城市管理、住宅等方面进行了规定，对物业管理法起着纲领性的作用，对物业管理活动有重要的指导作用。如《中华人民共和国宪法》第十条、十三条、三十九条中关于私有财产权、住宅、公民权利等方面的规定和原则，是我国物业管理立法渊源中最重要的组成部分，具有最高的法律效力，对物业管理的理论和实践具有最高指导作用。

（2）中华人民共和国全国人民代表大会（以下简称全国人大）和中华人民共和国全国人民代表大会常务委员会（以下简称全国人大常委会）制定颁布的规范性法律文件是调整一般民事、经济关系的基本法律，直接或间接涉及物业管理方面的规定是物业管理法的重要法律渊源之一。《民法典》第一编总则规定了关于土地、房屋在内的所有权、代理、相邻关系、诉讼时效、侵权等一系列问题；《民法典》第二编物权明确了建筑区划内公共场所和公用设施的权属问题，规定业主享有楼宇共有物权的同时必须承担相应义务，从法律上明确和保护了业主权益；《民典法》第三编合同规定了物业服务合同的订立、内容、效力、形式、履行、违约责任等问题；《中华人民共和国城市房地产管理法》规范了房地产开发用地，房地产管理和使用，涉及物业管理很多方面的问题。《中华人民共和国城乡规划法》《中华人民共和国土地法》《中华人民共和国消费者权益保护法》《中华人民共和国招标投标法》《中华人民共和国民事诉讼法》等法律中涉及物业管理方面的内容也是物业管理法的重要渊源。

（3）物业管理方面的行政法规居于物业管理法的核心位置，特别是2003年9月1日起开始实施的《物业管理条例》，并于2007年根据反馈的问题进行了许多修改，其他相关行政法规包括《城市房地产开发经营管理条例》《建设项目环境保护管理条例》等，2010年实施的《保安服务管理条例》规范了保安服务活动，加强对物业管理中从事保安服务的单位和保安员的管理。由于我国在行政法规层级以上缺乏一部由全国人大或其常委会制定的专门的物业管理法，国务院制定的行政法规是物业管理具体活动的主要参考来源。

（4）地方性法规作为各地具体规范物业管理活动的行为规范，对促进本地区物业管理行业的发展起到了很大的作用，如《福建省物业管理条例》《深圳经济特区住宅区物业管理条例》《上海市物业管理条例》《广东省物业管理条例》《河南省物业管理条例》《江苏省物业管理条例》等，在规范本地物业管理服务水平的同时极大地推动了本地物业管理行业的发展。

（5）物业管理相关的规章包括部门规章和地方政府规章，在物业管理法中，其数量最大，也最常用。部门规章主要由住建部（原建设部）和发改委制定，包括《物业服务收费管理办法》《城市房屋租赁管理办法》《国家发展改革委、建设部关于印发〈物业服务定价成本监审办法（试行）〉的通知》《业主大会和业主委员会指导规则》等，这些规章规范了物业管理活动，维护了业主的合法权益等。部门规章以外地方政府规章因地方政府的实际情况不同，所制定出来的规章也有所不同，但更加符合各地的实际状况。

（6）《最高人民法院关于适用〈中华人民共和国民法典〉物权编的解释（一）》（法释〔2020〕24号）、《最高人民法院关于适用〈中华人民共和国民法典〉时间效力的若干规定》（法释〔2020〕15号）等司法解释性文件中关于物业管理方面的规定也是物业管理法的重要来源。最高人民法院为了在物业管理相关审判工作中正确贯彻执行法律，在总结审判实践经验的基础上发布司法解释性文件，包括在审判工作适用某个法律的具体意见。例如，《最高人民法院关于适用〈中华人民共和国民法典〉时间效力的若干规定》（法释〔2020〕15号）对物业管理方面原有案件法律依据的相关问题都做出了规定，这些都对物业管理相关司法实践起到重要的指导作用。

目前的物业管理法对满足业主个性化和多元化服务需求，提升物业管理水平，促进物业公司的可持续发展起到巨大的规范和促进作用。但随着物业管理行业的发展，当今中国社会物业管理已经成为综合性的社会问题，在处理问题时既要维护业主物权利益，又要保障社会管理秩序的和谐安定。想要解决这些问题，就需要对相关法规进行适当调整，使得政府依法合理行政、物业公司合法经营，多个主体的权能与利益进行合理划分。这一切都需要一个专业的物业管理立法体系，因而将物业管理法规由行政法规提高至法律，是物业管理法下一阶段发展的趋势。

本章小结

1. 物业管理概念及物业管理的发展和存在的问题。
2. 物业管理法的立法发展情况。
3. 物业管理法的地位及作用。

复习思考题

1. 什么是物业管理？目前我国物业管理存在的问题有哪些？
2. 什么是物业管理法和物业管理法律关系？物业管理法律的构成有哪些？
3. 物业管理立法包括哪几个阶段？
4. 物业管理法有什么作用？

案例分析题

2012年11月1日，A物业管理有限公司（以下简称A物业）与B房地产开发有限公司签订了《"尚公馆"前期物业服务委托合同》，合同约定，由A物业为尚公馆小区全体业主提供物业管理服务，物业管理期限为小区业委会合法成立并依法另行选聘物业企业，自2012年11月1日起至2020年8月31日，物业费按每月1.4元/m²收取，由业主及使用人按季度或年度缴纳，逾期不缴纳物业服务费的，从逾期之日起每日按照应缴金额的万分之五缴纳违约金，合同签订后，A物业依约为全体业主提供物业管理服务，何某为尚公馆2栋2802房的业主，房屋面积为38.52 m²，自2016年2月1日至2020年8月31日止共拖欠55个月物业管理费，经原告多次催收仍不缴纳，总计欠缴物业管理费2966.04元，并应加付逾期缴纳物业管理费产生的滞纳金1763.98元。现原告多次催要未果，故提出上述诉讼请求。

何某辩称如下：①A物业于2020年8月31日与尚公馆小区终止物业合同并撤离小区，在A物业不在续聘物业服务协议之前未予业主何某结算之前的物业费及相关费用，也未与新物业交接过有关费用这一块的事项，A物业撤离之前并未与本人进行账务清算。②小区监控大部分瘫痪，能正常工作的且清晰度极差。③缺少对消防设施的管理和维护、消防设施缺失，消防控制柜瘫痪，消防报警按钮失灵，存在火灾安全隐患。甚至小区应急疏散门长期上锁。④外墙渗水问题未得到解决。⑤小区整体晚上灯光光照度不够，小孩在小区内玩耍存在安全隐患。⑥A物业以不缴物业费限制购水，存在违法。⑦A物业对房屋共用部位、共用设施设备、绿化、环境卫生、秩序、交通等项目未进行维护、修缮处理。⑧A物业并未按照合同约定编制物业方案及财务年度计划，每六个月向乙方公布服务费用收支账目，存在违约。⑨小区门禁形同虚设，闲杂人等可随意进出小区，长期存在陌生人员进小区发放传单及推销产品，存在安全隐患。⑩小区水池存在极大安全隐患，没有任何安全护栏，儿童玩耍时很容易掉下去，多次提出整改方案均无任何作为。⑪底下车库照明不良，车辆乱停乱放，允许业主对其车位及公共区域进行私自改造，并未制止及拆除，给业主造成了极大的不便。⑫2013年7月1日收房，2015年6月房屋出现外墙渗水，承重墙开裂，期间多次找物业协商未果（物业要求先缴物业费，本人要求物业修好后缴清物业费）。⑬楼上大部分空调水管都没有装入空调排水管，导致一到开空调的季节，楼下的窗户外面就像下雨一样，严重地影响了楼下的居住质量。这是因为A物业疏于管理、未履行合同义务。而小区现在新聘物业公司一入场就处理了这个问题。⑭《物业服务合同》第三条、物业服务质量中约定消防设施应当定期巡查维护、维护维修。但是A物业未尽到维修义务，消防管道腐烂漏水，消防门生锈腐烂，破败不堪。⑮根据《民法典》第九百四十三条规定，"物业服务人应当定期将服务的事项、负责人员、质量要求、收费项目、收费标准、履行情况，以及维修资金使用情况、业主共有部分的经营与收益情况等以合理方式向业主公开并向业主大会、业主委员会报告"。而在A物业管理期间，小区的公共收益从未得到公布，这是物业不作为的一种表现。⑯外墙漏水未处理。根据A物业提供的《"尚公馆"前期物业服务委托合同》第六条，委托物业服务事项包括房屋共用部分的维修、养护和管理。外墙漏水属于房屋共用部分，理应由A物业进行维修；第三十八条因房屋质量等原因达不到使用功能、造成重大事故的，由开发商承担责任并做善后处理，但乙方应积极协调配合甲方的工作。产生质量事故的直接原因，以政府主管部门的鉴定为准。A物业既没有履行维修义务，也没有协调开发商来解决外墙漏水问题，更没有上报政府主管部门鉴定漏水原因。最终导致小区大部分外墙漏水问题没有在房屋保质期内得到解决。A物业离场可以向法院起诉追缴物业费，但是小区外墙漏水问题却只能我们业主自掏腰包解决。⑰因为对物业服务的不满意，也多次向物业公司、12345、社区及派出所反馈，但是高空抛物等问题一直没有得到有效解决。出于无奈，只能采用暂时不缴物业费来提出抗议。但是从2016年到2020年8月期间，A物业长期以限制购买生活用水的形式非法催收物业费。每次只允许购买10元到20元的生活用水。根据《中华人民共和国消费者权益保护法》第二十六条及《湖南省物业管理条例》第四十一条业主欠缴物业服务费的，物业服务企业可以依法催缴。物业服务企业不得采取中断提供、限制或者变相限制购买水、电、气、热以及停运电梯等方式迫使业主缴纳物业服务费。A物业不仅是服务做得不到位，限制业主购买生活用水属于违法行为。侵害了正常用水的基本权益。因原告不能适当履行物业服务义务，给被告人生活带来诸多不便，且在物业合同到期前，未与业主进行账务清算，装修押金未退，原告存才违法行为。原告的不作为及失职不是存才一天两天，原告在合同期满后不在续聘，撤离之前并未与业主结算费用，物业费都是大家前往物业点缴费，在物业撤离之前为什么不能通知业主前往物业进行账务清算，这也是物业的一种不作为的表现。综上所述，关于A物业诉拖欠物业费一案，因A物业未完全履行合同，违约在先。并提供相关照片等材料。

案例来源：〔2021〕湘0112民初9285号

问题：该案件应如何处理？

即测即练

扫描此码　自学自测

第二章

物业管理的法律关系

◆ **教学目的**

通过本章的学习，使学生了解物业管理法律关系的主体和客体，熟悉物业管理法律关系分类，掌握物业管理各种法律关系的特征。

◆ **教学重点**

物业管理法律关系的要素。

◆ **教学难点**

物业管理法律关系的主要特征。

◆ **案例导入**

案例简介

某小区物业服务公司由该小区开发商组建成立，具有相应的物业管理资质，系独立核算、自负盈亏的企业法人。

某日，开发商给该物业服务公司发来一份通知，称该小区某业主系分期付款购房，但其入住后却迟迟未将剩余房款付清。开发商为此要求物业公司对该住户采取停水、停电、停气的措施，以迫使该住户尽快缴款。

该物业服务公司遂照此办理，使得该住户无法正常生活，导致该业主的强烈不满。

问题：物业服务公司有权因业主未缴清购房费而停水电吗？

案例分析

1. 法律主体：业主、开发商、物业服务公司、供水供电公司。
2. 法律关系：不同主体之间通过合同或协议构成彼此之间形成法律关系。不同法律关系之间互相独立。

该业主未按期缴纳购房款，只能说明他没有履行房屋买卖关系中按时付款的义务，那么他就应该承担相应的民事责任。开发商可以按照购房合同的规定，要求该业主承担违约金、利息等责任甚至可以要求解除合同等。

物业服务公司根据开发商要求，用停水停电的方式迫使业主按时交购房款，实质是混淆了房屋买卖关系及物业管理关系，这显然是对业主合法权益的侵害。

此外，物业服务公司只是替供水供电公司代收水电费，无权停水停电，即不能干涉业主与供水供电公司之间的法律关系。

第一节　物业管理法律关系的概念与特征

我国《物业管理条例》规定："本条例所称物业管理，是指业主通过选聘物业服务企业，由业主和物业服务企业按照物业服务合同约定，对房屋及配套的设施设备和相关场地进行维修、养护、管理、维护物业管理区域内的环境卫生和相关秩序的活动。"

一、物业管理法律关系的概念与特征

（一）物业管理法律关系的概念

法律关系是法律规范在调整一定社会关系过程中所形成的人们相互之间的权利与义务关系。物业管理的法律关系指的是在有关物业管理法律规范的范围内，调整人们行为过程中形成的法律上的权利和义务关系。这种社会关系是物业管理法律法规调整物业管理活动的结果，受物业管理法律法规的制约，包括业主与其他业主、物业服务单位与业主委员会等之间的关系。确定相互关系间的权利和义务是物业管理法律关系的主要内容。

（二）物业管理法律关系的主要特征

1. 作为物业法律关系主体的业主意志具有多元化

产权主体多元化直接导致了产权主体意志的多元化，要将分散的多元化意志统一起来就需要成立业主大会——代表全体业主利益和意志。

2. 政府在物业管理法律关系中具有特殊的地位

物业管理是城市管理的重要组成部分，要发挥国家行政机关在物业管理市场方面的作用。政府在物业管理法律关系中的重要地位主要表现在以下几个方面。

（1）对业主大会和业主委员会的监督和指导。

（2）对物业服务企业的监督和管理。

（3）对物业服务价格机制的监管。

（4）对物业设施设备使用和维护的管理。

（5）对违反物业管理法规行为的处罚等。

3. 物业管理法律关系内容既包括平等主体间的民事法律关系又包括不平等主体间的行政法律关系

例如：在传统的法律关系中，民事法律关系只调整私权关系，当事人地位平等；行政法律关系只调整公权关系，当事人不平等。而物业管理法律关系体现出公私权关系混

合的特征。

4. 物业服务行为是一种提供公共性服务商品的法律行为

物业服务行为与其他服务行为的重要区别在于它提供的商品是公共性服务，而不是特约性服务。

5. 法律法规对物业管理法律关系的产生、变更和终止都有严格的程序规定

（三）物业管理法律关系的要素

物业管理法律关系由主体、客体和内容三个要素构成。主体指的是参加物业管理法律关系享受权利义务的个人和组织，如业主、物业服务企业等。客体指的是权利义务共同指向的对象，包括物业的管理措施，附属设备等。内容指的是物业主体之间依据法律和合同产生的权利义务。实际中，根据主体的不同，物业管理法律关系主要有以下几类：一是业主即建筑物区分所有人及占有人的权利与义务，二是物业服务企业的权利与义务，三是建设单位在物业管理中的权利义务，四是业主大会及业主委员会的权利义务，五是各级政府主管部门及行业协会等监督、管理、协调关系，六是其他相关机构。其中，物业管理关系中最主要的主体是业主和物业服务企业，两者是物业服务合同所确立的平等当事人的关系。

1. 主体

（1）业主

业主作为房屋的所有权人，在物业管理法律关系中占有重要位置。物业服务企业通过合同，接受业主委托经营管理物业，其与业主之间是服务与被服务的关系，在这一过程中业主处于主导地位，而物业服务企业扮演了"大管家"的角色。根据相关法律规定，业主享有按照合同的约定接受服务，召开业主大会会议，制定和修改管理规约、业主大会议事规则的建议，参加业主大会会议及投票，选举与被选举业主委员会成员，监督业主委员会及物业服务企业相关工作，对物业共用部位、设施、场地和专项维修资金的使用享有知悉和监督等权利。业主在享有权利的同时负有遵守管理规约（临时管理规约）及议事规则，遵守物业共用部位、设施设备的使用和公共秩序和环境卫生等方面的规章制度，执行业主大会和经业主大会授权的业主委员会做出的决定，缴纳专项维修资金，按时缴纳物业服务费用等义务。在实际工作中，房屋租赁的情况时常存在，这时物业实际的使用人作为物业服务的实际享受者，有的甚至履行缴纳物业费的义务，但它并不是物业管理中的独立主体，而是通过与房屋出租人之间的租赁协议来履行有关物业管理中的权利义务。依据我国法律规定，物业使用人在物业管理活动中的权利义务由业主和物业使用人约定，这表明了物业使用人在物业管理的法律关系中是从属于业主的。例如，在一定情况下，在使用人未缴纳物业费用时，物业所有人要承担连带责任。具体权益可以参照《民法典》的相关规定要求。

（2）物业服务人

物业服务人在物业服务区域内，为业主提供建筑物及其附属设施的维修养护、环境卫生和相关秩序的管理维护等物业服务。物业服务人包括物业服务企业和其他管理人。

物业服务企业指的是具有一定资质、独立法人资格、接受业主的委托、按照物业服务合同约定提供物业服务的企业。在前期物业管理中，开发商与物业服务企业是委托与被委托的关系，通过前期物业合同的约定，实现对物业的前期管理。在物业分割销售过后，由业主重新选聘或继续聘用原有物业服务企业实现该种委托关系。我国法律规定了物业服务企业享有制定物业管理办法、收取物业费、制止违反规章制度的行为、选聘专营公司承担专项管理业务、实施多种经营、要求业委会协助等权利。同时，物业服务企业还负有履行物业服务合同、重大管理措施提交业委会审议、接受业主和有关行政部门监督等义务。有些单位成立的行政科或居委会的物业管理机构由于不具备物业服务企业资质和独立的法人资格，都不是严格意义上的物业服务企业，并不是物业管理中独立的法律主体。

（3）建设单位

建设单位作为房屋的开发建设者，与其相关的主要有两种法律关系，分别是物业管理事务的委托关系和房屋质量的维修关系。在前期物业管理中，对其尚未出售的房屋拥有所有权，此时建设单位享有业主的权利，履行业主的义务。建设单位是物业服务合同的一方当事人，享有选聘物业服务企业、订立前期物业服务合同、拟定业主临时规约、审定前期物业管理的规章制度、监督物业服务企业等权利，同时负有办理合同及规章制度行政备案手续、移交相关资料、承担相关费用等义务。当业主入驻物业具备规定条件后，选聘权交由业主大会行使，建设单位由物业管理的委托者转变为承担一定期限内物业质量保证和维修的主体，对由于建设不当的物业损坏承担维修和赔偿责任。

（4）业主大会和业主委员会

业主大会是业主参与物业管理活动的组织形式，由物业管理区域内全体业主组成。其享有制定和修改业主大会议事规则及管理规约，选举及更换业主委员会成员，选聘和解聘物业服务企业，筹集和使用专项维修资金，改建、重建建筑物及其附属设施等有关共有和共同管理权利的其他重大事项的权利。业主委员会是业主大会的常设性执行机构。其有召集业主大会会议，报告物业管理的实施情况，代表业主与物业服务企业签订物业服务合同，监督和协助物业服务企业履行物业服务合同，监督管理规约的实施等业主大会赋予的其他职责。业主大会、业主委员会作为物业管理法律关系中的一方主体，应当依法履行职责，不能作出与物业管理无关的决定，不能从事与物业管理无关的活动。其做出的决定，对业主有约束力，但不得违反法律法规的规定。

（5）政府相关部门

政府相关部门与物业服务企业、业主之间是监管与被监管，指导与被指导的关系，这种关系主要体现在业主委员会的备案、对物业服务收费的监督、对物业管理投诉的处理、对物业管理违规行为的处罚、举办大型活动的审批备案等。这主要涉及房地产行政主管机关、公安机关、消防部门、城市管理执法部门、街道办事处、社区居民委员会等各部门对物业管理区域内的治安、环保、绿化、装修及业主大会的成立等方面行使行政管理权，在社区物业管理中作为法律主体与物业服务企业及业主产生法律关系。

（6）其他相关机构

物业服务企业依据物业服务合同在物业管理区域内开展服务和管理活动，一些专业化的工作需要和其他公司发生联系，如电梯公司、环卫机构、建筑维修部门、广告公司等。

2．客体

（1）物

作为物业管理法律关系客体的物是指物业，包括房屋及其附属的设备、设施和相关的场地。

（2）行为

一定的行为结果可以满足权利人的利益和需要，也可以成为法律关系的客体。在物业管理活动中，权利人通过行为达到某种效果以实现自身所追求的利益。

（3）非物质财富

非物质财富包括创作活动的产品和其他与人身相联系的非财产性财富。物业管理活动中，在物业管理的早期介入阶段对物业规划设计的意见，物业管理区域内的管理规定以及物业服务公司因进行物业管理服务所形成的品牌商标等都是物业管理法律关系的客体。

（4）权利

业主对物业享有所有权，基于物业所有权派生的一些权利和基于受委托进行物业管理行为涉及的一些权利是物业管理法律关系的客体。

3．内容

（1）业主的权利义务

《物业管理条例》中规定房屋的所有权人为业主。

业主在物业管理活动中，享有下列权利。

①按照物业服务合同的约定，接受物业服务企业提供的服务。

②提议召开业主大会会议，并就物业管理的有关事项提出建议。

③提出制定和修改管理规约、业主大会议事规则的建议。

④参加业主大会会议，行使投票权。

⑤选举业主委员会成员，并享有被选举权。

⑥监督业主委员会的工作。

⑦监督物业服务企业履行物业服务合同。

⑧对物业共用部位、共用设施设备和相关场地使用情况享有知情权和监督权。

⑨监督物业共用部位、共用设施设备专项维修资金（以下简称专项维修资金）的管理和使用。

⑩法律、法规规定的其他权利。

业主在物业管理活动中，履行下列义务。

①遵守管理规约、业主大会议事规则。

②遵守物业管理区域内物业共用部位和共用设施设备的使用、公共秩序和环境卫生

的维护等方面的规章制度。

③执行业主大会的决定和业主大会授权业主委员会做出的决定。

④按照国家有关规定缴纳专项维修资金。

⑤按时缴纳物业服务费用。

⑥法律、法规规定的其他义务。

（2）物业服务企业的权利义务

物业服务企业的权利包括以下几点。

①制定管理规约等办法。

②依照合同和管理规约对物业实施管理。

③依照合同和相关规定收取物业费。

④对违反规章制度和合同的行为进行制止。

⑤要求业主委员会协助管理。

⑥选聘专业公司承担专项管理服务。

⑦合同规定的其他权利。

物业服务企业的义务包括以下几点。

①全面履行物业服务合同。

②维护物业管理区域内的安全秩序，做好保洁绿化等环境管理。

③定期向业主通报物业的财务状况并接受业主监督。

④管理好公共设施设备的运营和修缮工作。

⑤物业服务合同终止时，向业主委员会移交全部物业档案和公司物业财产。

（3）建设单位在物业管理中的权利义务

建设单位在物业管理中享有委托权和监督权。在前期物业管理阶段业主大会尚未成立时，建设单位作为初始业主可以代位行使业主大会和业主委员会的权利，有权选择前期物业服务企业并监督其行为。建设单位在物业服务中须承担按时交房确保房屋质量及修缮房屋等义务。

（4）业主大会及业主委员会的权利义务

业主大会的权利包括以下几点。

①制定和修改业主大会议事规则。

②制定和修改管理规约。

③选举业主委员会或者更换业主委员会成员。

④选聘和解聘物业服务企业。

⑤筹集和使用专项维修资金。

⑥改建、重建建筑物及其附属设施。

⑦有关共有和共同管理权利的其他重大事项。

业主委员会的权利包括以下几点。

①召集业主大会会议，报告物业管理的实施情况。

②代表业主与业主大会选聘的物业服务企业签订物业服务合同。

③及时了解业主、物业使用人的意见和建议，监督和协助物业服务企业履行物业服务合同。

④监督管理规约的实施。

⑤业主大会赋予的其他职责。

业主委员会的义务包括以下几点。

①筹备业主大会并向其汇报工作。

②执行业主大会通过的各种工作并按时公布执行情况。

③接受所有业主监督。

④严格履行合同。

⑤接受政府有关部门管理和行业机构指导。

（5）各级政府主管部门及行业协会等监督、管理、协调关系

房地产行政主管部门及相关职能部门享有监管权，这是他们在对物业服务行为行使监督管理职能时依法享有的权利。

二、物业管理法律关系分类

根据规范法律关系的法律类型不同，可以分为以下几种。

（一）物业管理民事法律关系

物业管理法律关系分类是指法律地位平等主体的自然人、法人、其他组织之间依照与物业管理相关民事法律规范形成的权利和义务关系。

（1）业主与非业主使用人之间的物业共用及相邻关系。

（2）业主与非业主使用人之间关于物业使用的租赁及其他关系。

（3）业主与开发商之间因销售合同而产生的物业保修等民事关系。

（4）开发商与物业管理企业因前期物业管理而产生的委托关系。

（5）业主与物业管理企业因物业服务合同而产生的委托关系。

（6）物业管理企业与其他服务机构就物业区域相关服务订立合同而产生的承包关系。

（二）物业管理行政法律关系

物业管理行政法律关系是指政府、物业管理主管行政部门、其他有关职能部门之间及其与业主、业主团体、物业服务企业、其他与物业管理有关主体之间，因行政管理事务而形成的权利义务关系。

（1）行政机关对开发商及物业管理企业的管理关系。

（2）行政机关对物业业主、非业主使用人相关行为的管理关系。

（三）物业管理经济法律关系

物业管理经济法律关系，又称物业管理事业法律关系，是指国家及各级政府职能部门在协调和控制物业管理事业运行过程中与业主、业主团体组织、物业管理事业及其他单位（物业的开发建设单位、公房出售单位等）和社会组织（物业管理行业协会、业主

自治团体联合会等）之间依经济法形成的经济地位和经济权利义务关系。

第二节　物业管理法律关系的产生、变更和终止

一、物业管理法律关系的产生、变更和终止的概念

物业管理法律关系的产生是指物业管理法律关系主体之间依法形成了一定的物业管理权利和义务关系。

物业管理法律关系的变更是指业已形成的物业管理法律关系中的要素发生部分或全部变化，而形成新的法律关系。它包括权利主体的改变、权利客体的改变和法律关系内容的改变等。

物业管理法律关系的终止是指物业管理法律关系主体间已经形成的权利义务消灭。例如，物业公司与业主的物业服务服务合同到期后，双方之间的物业服务合同法律关系宣告终止。

二、物业管理法律事实的概念与分类

（一）概念

物业管理法律事实是指物业管理法规所规定或认可的，能够引起物业管理法律关系产生、变更和终止的客观现象或原因条件。

（二）分类

根据法律事实与物业管理法律关系主体的意志是否有关，分为自然事实与行为两大类。

1. 自然事实

自然事实是指与物业管理法律关系主体的意志无关，并能引起物业管理法律关系产生、变更和终止的客观现象。自然事实可分为事件和状态两种情况。

事件是指偶发的客观现象。分为不可抗力和社会意外两种情况。不可抗力是指不能预见、不能避免并不能克服的客观情况。不可抗力事件通常包括自然灾害性的事件和社会战争等。

状态是指某种客观情况的持续。例如，《民法典》第一百八十八条规定：向人民法院请求保护民事权利的诉讼时效期间为三年。法律另有规定的，依照其规定。物业公司遇到拒缴物业费的业主，提出诉讼时效期间为三年，超过期限一般会丧失起诉权。

2. 行为

行为是指以物业管理法律关系主体的意志为转移，并能引起物业管理法律关系产生、变更和终止的客观现象。

根据行为是否与当事人的意志有关，分为以下几点。

（1）当事人行为，是指由一定法律关系当事人实施的能引发法律关系产生、变

更和终止的行为。

（2）他人行为，是指由非当事人实施的而能使当事人之间发生一定法律关系产生、变更和终止的行为。

根据行为事实依其合法性可分为合法行为和违法行为（包括违约行为、侵权行为等）。

本章小结

1. 物业管理法律关系是物业管理规范在调整物业管理及其相关活动的过程中所形成的法定权利与义务关系。研究物业管理法律关系，对于加强物业管理立法、执法、守法有着重要的意义。
2. 物业管理法律关系由主体、客体和内容三要素构成。
3. 按规范法律关系的法律部类不同，物业管理法律关系主要可分为民事法律关系、经济法律关系、行政法律关系等。

复习思考题

1. 什么是物业管理法律关系？物业管理法律关系有哪些构成要素？
2. 什么是法律事实？
3. 试述物业管理法律关系的特征。

案例分析题

1. 张某于2007年10月18日入住紫晶城小区，原告在2012年前还能正常提供物业服务，从2012年开始，至善物业公司管理混乱，经常发生不作为和乱作为的现象。公司聘请的安保人员多已接近或者超过退休年龄，未经岗前培训，职业技能和责任心欠缺，张某的摩托车曾被盗，经查是安保人员开门放任小偷离开的。

问题：该案例中物业公司要承担责任吗？为什么？

2. 某小区的李先生从网上购买了一套茶具，他上班时接到了快递员的电话，称包裹已到，便让快递员将包裹放在门卫处。

李先生下班到门卫处拿包裹，门卫翻遍物管处所有寄存的包裹，才将他的包裹找到。包裹虽然找到了，但门卫的心情却很复杂："我每天要做保洁、巡视、防火防盗工作，代收包裹真不是我们的分内事。"

问题：（1）物业该不该代收网购包裹？
　　　（2）你认为该案例该如何处理？为什么？

即测即练

第三章

物业管理的法律责任

教学目的

通过本章的学习,让学生了解物业管理法律责任的概念与构成,理解物业管理法律责任的分类,掌握承担民事法律责任的方式。

教学重点

物业管理法律责任的分类。

教学难点

承担民事法律责任的方式。

案例导入

案例简介

2019年10月5日,浙江杭州某花园小区发生了一起火灾,导致一名小伙坠楼身亡。事后,受害人父母以小区安全通道受阻耽误消防救援为由,状告业委会。

近年来,随着人们生活水平的提高,居民家庭拥有小车的数量越来越多。然而,不少住宅小区因为车位有限,私家车非法占用消防通道停放的现象屡见不鲜。俗话说,水火无情。一旦发生火灾,必然耽误救援。过去这方面的报道不时见诸报端,不少人都有这样的困惑:因为消防通道被堵,耽误了救援,导致人员伤亡或者财产损失,是否有人该为此担责?

问题:小伙坠亡,谁该承担责任?

案例分析

经法院判决,酌情确定被告(该小区业委会)承担10%的赔偿责任,由984户小区业主分摊。

就杭州某花园的这起官司而言,业主们也有不同意见。有业主认为,既然消防认定的起火原因"不排除玩火引燃鞋柜引发火灾",又凭什么让全体业主来承担这个责任?但法院的判决给出了明确而肯定的答案。因为火灾发生时，小区主干道的停车问题、大门口的商铺问题，影响了消防车辆的通行，一定程度上耽误了救援时间。而小区是实施物业自管的，业委会未能通过有效管理，确保小区入口主干道的通行顺畅，存在一定过错。所以，"被告承担10%责任"，这就意味着赔偿金要摊派到该小区984户的业主头上。

我国《中华人民共和国消防法》（简称为"消防法"）第二十八条明文规定，任何单位、个人不得占用、堵塞、封闭疏散通道、安全出口、消防车通道。

该小区火灾赔偿案一审判决至少发出三点警示：一是每一位业主都要从我做起，严格遵守《消防法》的规定。二是业委会或者物业公司都要积极行动起来，严格履责，加强管理和服务，全力清除消防通道上的"拦路虎"。三是要举一反三，消除小区内各类安全隐患，不留死角盲区，切实把安全工作做细做实，防患于未然。

第一节　物业管理法律责任的概念与构成

一、物业管理法律责任的概念

物业管理法律责任是指违法行为人或违约行为人对其违法或违约行为应承担的某种强制性不利的法律后果。

二、物业管理法律责任的特征

（一）物业管理法律责任应与物业管理的违法行为或违约行为相联系

物业管理法律责任就是对违法行为人或违约行为人在物业服务过程中产生的违法或违约行为承担的某种强制性不利的法律后果。

（二）物业管理法律责任为法定责任与约定责任的结合

物业管理法律责任是直接违反法律法规而引起的法定法律责任。因违反当事人双方的协议和合同约定而引起的法律责任，我们称之为约定责任。在物业服务中发生的法律责任除了依据法律法规，还要以合同、协议的约定为依据。

（三）物业法律责任具有复杂性和复合性

物业管理法律责任的种类繁多，有民事责任、行政责任、刑事责任等。这些责任往往在某项物业服务的违法行为中合并存在，出现法律责任复合的现象。这种物业管理法律责任的复杂性决定了在确定物业管理法律责任时，要全面考虑相关的法律法规对某种违法行为从不同的角度所设定的法律责任。

（四）物业管理法律责任由国家强制力保证实施

协议、合同的法律效力来源于国家对当事人之间合同、协议的认同并予以国家强制力的保护。

三、物业管理法律责任的一般构成

物业管理法律责任的构成是指据以确定物业管理法律责任必须具备的各种条件或必须符合的标准。由于物业管理中违法行为具体种类很多，涉及诸如民事违约责任、民事侵权责任、行政责任、刑事责任等不同种类的物业管理法律责任，其具体的构成要件也各有一定差异。一般情况下，法律责任的归责条件由下列四要素构成。

（一）行为违法

法律责任一般是由违法行为的发生而引起的，因此，违法本身的构成条件，自然成为法律责任构成的基础和必要的前提条件。

（二）损害结果

损害是指给被侵害方造成的利益损失和伤害。损害的形式主要有人身的损害、财产的损害、精神的损害和其他利益方面的损害。损害的范围包括直接实际损害和丧失预期可得利益的间接损害。行为具有一定程度的社会危害性，给社会特定利益关系造成了危险或损害，并且危害结果达到了法律规定应追究相应法律责任的程度，是构成物业管理法律责任的一个必要条件。在有些法律责任中，损害结果不是必要要素。

（三）因果联系

违法行为与损害结果之间应当存在因果联系。法律上的因果联系不是一般的因果关系，而是指某种事实上的行为与特定损害结果之间的必然联系。如果某项损害结果不是因某人的行为所必然引起的，则该行为人就可以不对该项结果负责。由于行为与结果之间的联系多种多样，有必然联系和偶然联系、直接联系和间接联系，有一果多因和一因多果之分。因此在把物业管理法律责任归于某一违法行为时，必须搞清楚违法行为与特定的损害结果之间的联系，这对于行为定性、确定法律责任种类和大小具有重大影响。

（四）行为人心理主观过错状态

过错是指行为人实施行为时对自己的违法行为及其后果的一种心理认识状态，分为故意和过失两种表现形式。直接和间接故意的违法行为应负法律责任，重大过失的违法行为一般要负民事责任或行政责任，在法律有明文规定下才须负刑事责任。对物业管理中的民事侵权行为、行政违法行为和刑事违法行为的归责，大多数是采取过错责任归责原则。

第二节　物业管理法律责任的种类

物业管理法律责任有多种分类，包括公法责任和私法责任，过错责任、无过错责任和公平责任，职务责任和个人责任，财产责任和非财产责任等。按法律责任的内容不同，一般分为民事法律责任、经济法律责任、行政法律责任、刑事法律责任四类。

一、民事法律责任

民事主体依照法律规定或者按照当事人约定，履行民事法律义务，承担民事法律责任。

民事法律责任指民事主体因违反民事法律义务而依法必须承担的民事法律不利后果，主要由缔约过失责任、违约责任、侵权责任三部分内容构成。

两人以上依法承担民事责任的，能够确定责任大小的，各自承担相应的责任；难以确定责任大小的，平均承担责任。

（一）民事责任的特征

（1）民事责任是因为违反民事义务而承担的法律后果。

（2）民事责任是一种以财产为主要内容的法律责任。

（3）民事责任的范围与违法行为所造成的损害范围相适应。

（二）民事责任的种类

（1）违约责任：指一方不履行物业服务合同义务或履行义务不符合约定，依法应当承担的继续履行、采取补救措施、赔偿损失等民事责任。

例如，《物业管理条例》中规定："物业服务企业未能履行物业服务合同的约定，导致业主人身、财产安全受到损害的，应当依法承担相应的法律责任。"

（2）侵权责任：指在物业管理民事活动中，民事主体因违法实施侵犯公、私财产权和公民、法人人身权的行为而应承担的不利后果。

例如，《物业管理条例》中规定："违反本条例的规定，有下列行为之一的，由县级以上地方人民政府房地产行政主管部门责令限期改正，给予警告，并按照本条第二款的规定处以罚款；所得收益，用于物业管理区域内物业共用部位、共用设施设备的维修、养护，剩余部分按照业主大会的决定使用：

（一）擅自改变物业管理区域内按照规划建设的公共建筑和共用设施用途的。

（二）擅自占用、挖掘物业管理区域内道路、场地，损害业主共同利益的。

（三）擅自利用物业共用部位、共用设施设备进行经营的。

个人有前款规定行为之一的，处1000元以上1万元以下的罚款；单位有前款规定行为之一的，处5万元以上20万元以下的罚款。

（3）物业管理中的侵权行为及民事责任主要有下列几种：①国家机关或其工作人员因执行职务造成侵权损害的民事责任；②法人对其工作人员执行职务造成侵权损害的民事责任；③因产品质量不合格致人损害的民事责任；④因建筑施工或物业维修施工而产生的侵权责任；⑤建筑物等物所有人或管理人的侵权责任；⑥饲养的动物致人损害的民事责任；⑦破坏、污染环境的侵权责任；⑧无行为能力人、限制民事行为能力人致人损害的民事责任；⑨因妨害行为而产生的侵权责任。

（三）承担民事责任的方式

《民法典》第一百七十九条规定了承担民事责任的十一种形式，可以单独适用，也可以合并适用。

（1）停止侵害，指对行为人正在实施的侵权行为，受害人有权请求其停止实施或请求人民法院制止实施。

（2）排除妨碍，指权利人行使其权利受到他人不法阻碍或妨害时，有权请求行为人排除或请求人民法院强制排除妨碍。

（3）消除危险，指在有造成财产或人身损害之时，权利人有权请求行为人消除或请求人民法院强制其消除危险。

（4）返还财产，指权利人的财产被行为人非法侵占时，权利人有权请求返还该财产。

（5）恢复原状，指在财产被不法损害或性能状态被改变而有复原的可能时，受害人有权请求恢复到财产未受损坏或未改变时的状态。

（6）修理、重作、更换。

（7）继续履行。

（8）赔偿损失，指行为人以其财产填补受害人的损失。

（9）支付违约金，指依法律规定或当事人约定，违约方向对方支付一定数额的金钱。

（10）消除影响、恢复名誉，指公民或者法人的人格权受到不法侵害时，有权通过人民法院要求行为人以公开形式承认过错，澄清事实，或者辟谣，消除所造成的不良影响，以恢复未受损害时社会对其品行、才能或信用的良好评价。

（11）赔礼道歉，指公民或法人的人格权受到不法侵害时，权利人可请求行为人当面承认错误，表示歉意，以保护其人格尊严。

（四）承担民事责任的适用条件

（1）因不可抗力不能履行民事义务的，不承担民事责任。法律另有规定的，依照其规定。不可抗力是不能预见、不能避免且不能克服的客观情况。

（2）因正当防卫造成损害的，不承担民事责任。

正当防卫超过必要的限度，造成不应有的损害的，正当防卫人应当承担适当的民事责任。

（3）因紧急避险造成损害的，由引起险情发生的人承担民事责任。

危险由自然原因引起的，紧急避险人不承担民事责任，可以给予适当补偿。

紧急避险采取措施不当或者超过必要的限度，造成不应有的损害的，紧急避险人应当承担适当的民事责任。

（4）因保护他人民事权益使自己受到损害的，由侵权人承担民事责任，受益人可以给予适当补偿。没有侵权人、侵权人逃逸或者无力承担民事责任，受害人请求补偿的，受益人应当给予适当补偿。

（5）因自愿实施紧急救助行为造成受助人损害的，救助人不承担民事责任。

（6）侵害英雄烈士等的姓名、肖像、名誉、荣誉，损害社会公共利益的，应当承担民事责任。

（7）因当事人一方的违约行为，损害对方人身权益、财产权益的，受损害方有权选择请求其承担违约责任或者侵权责任。

二、经济法律责任

经济法律责任是指经济法律关系主体行为违反经济法律法规而依法应承担的不利法律后果。由于经济法律关系实际上是由行政管理法律关系和民事法律关系复合构成的，因此，其法律责任承担方式同违反行政管理法律、民事法律应承担责任的方式基本相同，但按承包等责权利相结合的经济责任制追究违反经济责任制行为的责任时，带有类似行政合同的责任追究方式特点。

三、行政法律责任

（一）承担行政责任的方式

行政责任指行政主体及其工作人员的行为违反行政法律法规而依法应承担的行政法律责任。行政法律责任分为两类：一类称违法行政责任，是指行政机关及其工作人员在实施行政管理行为中的违法失职行为引发的依法应承担的行政法律责任，一般表现为给予直接责任人或单位主管负责人员行政处分。另一类称行政违法责任，是指工作人员的行为违反行政管理法规而应依法承担的行政法律责任。

承担行政责任的方式一般分为三类。

（1）行政处罚。我国《中华人民共和国行政处罚法》第二章明文规定行政处罚的种类包括：警告，罚款、没收违法所得、没收非法财物，责令停产停业，暂扣或者吊销许可证、暂扣或者吊销执照，行政拘留，法律、行政法规规定的其他行政处罚。

（2）行政处分。行政处分是指国家机关、企事业单位依据国家法律、法规或国家机关、企事业单位的规章制度的规定，按行政隶属关系对其所属人员中有轻微违法行为或违反纪律行为的一种内部制裁，主要包括警告、记过、降职、降薪、撤职、留用察看、开除等。

（3）劳动教养。劳动教养是对有轻微违法行为，但尚不够给予刑事处罚的违法行为人实行强制性教育改造的一种行政措施。

（二）《物业管理条例》中对法律责任的相关规定

（1）住宅物业的建设单位未通过招投标的方式选聘物业服务企业或者未经批准，擅自采用协议方式选聘物业服务企业的，由县级以上地方人民政府房地产行政主管部门责令限期改正，给予警告，可以并处10万元以下的罚款。

（2）建设单位擅自处分属于业主的物业共用部位、共用设施设备的所有权或者使用权的，由县级以上地方人民政府房地产行政主管部门处5万元以上20万元以下的罚款；给业主造成损失的，依法承担赔偿责任。

（3）不移交有关资料的，由县级以上地方人民政府房地产行政主管部门责令限期改正；逾期仍不移交有关资料的，对建设单位、物业服务企业予以通报，处1万元以上10万元以下的罚款。

（4）物业服务企业将一个物业管理区域内的全部物业管理一并委托给他人的，由县级以上地方人民政府房地产行政主管部门责令限期改正，处委托合同价款30%以上50%

以下的罚款。委托所得收益，用于物业管理区域内物业共用部位、共用设施设备的维修、养护，剩余部分按照业主大会的决定使用；给业主造成损失的，依法承担赔偿责任。

（5）挪用专项维修资金的，由县级以上地方人民政府房地产行政主管部门追回挪用的专项维修资金，给予警告，没收违法所得，可以并处挪用数额2倍以下的罚款；构成犯罪的，依法追究直接负责的主管人员和其他直接责任人员的刑事责任。

（6）建设单位在物业管理区域内不按照规定配置必要的物业管理用房的，由县级以上地方人民政府房地产行政主管部门责令限期改正，给予警告，没收违法所得，并处10万元以上50万元以下的罚款。

（7）未经业主大会同意，物业服务企业擅自改变物业管理用房的用途的，由县级以上地方人民政府房地产行政主管部门责令限期改正，给予警告，并处1万元以上10万元以下的罚款；有收益的，所得收益用于物业管理区域内物业共用部位、共用设施设备的维修、养护，剩余部分按照业主大会的决定使用。

（8）有下列行为之一的，由县级以上地方人民政府房地产行政主管部门责令限期改正，给予警告，并按照本条第二款的规定处以罚款；所得收益，用于物业管理区域内物业共用部位、共用设施设备的维修、养护，剩余部分按照业主大会的决定使用：①擅自改变物业管理区域内按照规划建设的公共建筑和共用设施用途的；②擅自占用、挖掘物业管理区域内道路、场地，损害业主共同利益的；③擅自利用物业共用部位、共用设施设备进行经营的。个人有前款规定行为之一的，处1000元以上1万元以下的罚款；单位有前款规定行为之一的，处5万元以上20万元以下的罚款。

（9）国务院建设行政主管部门、县级以上地方人民政府房地产行政主管部门或者其他有关行政管理部门的工作人员利用职务上的便利，收受他人财物或者其他好处，不依法履行监督管理职责，或者发现违法行为不予查处，构成犯罪的，依法追究刑事责任；尚不构成犯罪的，依法给予行政处分。

四、刑事法律责任

刑事法律责任是指行为人（包括自然人和法人）的违法行为已构成触犯刑事法律的犯罪，而依法必须承担的刑法不利后果。它是制裁最为严厉的一种报应。承担刑事责任的方式是刑事处罚，分为两类：一是主刑，包括管制、拘役、有期徒刑、无期徒刑和死刑；二是附加刑，包括罚金、没收财产和剥夺政治权利。在各地专门的物业管理规范性文件中，一般不规定民事主体、行政工作人员的违法行为构成犯罪的依法追究刑事责任。大多数都明文规定：物业管理行政主管部门工作人员玩忽职守、滥用职权、徇私舞弊、贪污受贿的，由其上级主管部门或所在单位给予行政处分；构成犯罪的，移送司法机关依法追究刑事责任。

物业管理法律责任根据承担责任方式性质不同还可以分为制裁性、强制性、补救性三类法律责任。制裁就是惩戒、处罚。制裁实际上是一种对违法者的某种权利的合法损害或者使违法者承担一项新的不利义务，其目的是使违法者引以为戒，今后不再犯。强制是指迫使违法者履行原有的法定义务或新追加的作为惩戒的必为义务。法律责任的实施和制裁的实现都以强制为后盾。从这一点来说，强制是使违法者承担法律责任的最后手段。补救一般是指行为人的侵权行为或违约行为使对方的合法权益蒙受损害时依法应予以的法律救济，可分为行政补救、司法补救两类。补救性法律责任主要是赔偿、恢复原状、返还财产、赔礼道歉、履行职务等。

本章小结

1. 物业管理法律责任是指违法行为人或违约行为人对其违法或违约行为应承担的某种强制性不利的法律后果。

2. 物业管理法律责任按法律责任的内容不同，一般分为民事法律责任、经济法律责任、行政法律责任、刑事法律责任四类。

3. 物业管理民事法律责任的承担方式包括停止侵害、排除妨碍、消除危险、返还财产、恢复原状、重做、更换、赔偿损失、支付违约金、消除影响、恢复名誉、赔礼道歉等。

复习思考题

1. 简述物业管理法律责任的主要特征。
2. 物业管理法律责任可以分成哪些种类？
3. 物业管理民事法律责任的承担方式有哪些？
4. 简述物业管理法律责任免责条件。

案例分析题

刘青是某小区业主，其房屋建筑面积 194.17 m^2，小区物业费收取标准为 2.8 元/（月·m^2）。自 2011 年入住后，刘青按照上述标准缴纳了 2011 年至 2013 年 12 月及 2016 年 1 月至 2016 年 12 月的物业费，拒绝缴纳 2014 年和 2015 年的物业费。公司多次索要无果后，2017 年 7 月将刘青诉至当地基层人民法院，请求法院判令刘青支付物业费及利息合计 1.3 万余元。庭审中，刘青认为物业公司收费标准过高，同时认为屋顶漏水，物业公司未履行维修义务，服务不到位。

问题：
1. 屋顶漏水属不属于物业责任？请说明理由。
2. 该案件应如何处理？

即测即练

第四章

物业权属法律规定

◆ 教学目的

通过本章的学习,让学生了解物权的定义和类型,理解所有权、用益物权和担保物权等的概念和法律规定,掌握建筑物区分所有权、相邻权和共有权的概念和相关的法律规定。

◆ 教学重点

建筑物区分所有权、相邻权和共有权的概念和法律特征。

◆ 教学难点

建筑物区分所有权案例分析。

◆ 案例导入

案例简介

2015年3月王某向甲公司购买住房一套,5月验房入住,后来甲公司在排风管道外加盖房屋超出了王某的窗高,两个散热窗户正对着王某的窗户使其无法开窗通风采光,王某起诉要求甲公司拆除加盖的建筑物,如不能拆除,要求赔偿因此造成的房屋贬值损失30万元。

问题:1. 甲公司是否侵犯了王某的权利?何种权利?
      2. 王某的诉讼请求能否得到支持?

案例分析

《民法典》第二百九十三条规定:"建造建筑物,不得违反国家有关工程建设标准,不得妨碍相邻建筑物的通风、采光和日照。"

近年来,随着城市建设速度加快,住宅建设用地供应趋紧,加之一些城市在对新建住宅楼规划审批环节中存在漏洞,有些开发商违规施工,超规划建设,导致新建住宅楼层数过高,密度过大;有些人甚至为求便利,私搭乱建,影响相邻建筑的通风、采光,使"阳光权"引发的纠纷日益增多。本案例中：

1. 甲公司侵犯了王某的相邻权，主要是采光通风和日照权。
2. 支持王某的请求。

第一节 物 权

一、物权概述

（一）物权的概念

《民法典》第一百一十四条规定："民事主体依法享有物权。物权是权利人依法对特定的物享有直接支配和排他的权利，包括所有权、用益物权和担保物权。"

《民法典》第一百一十五条规定："物包括不动产和动产。法律规定权利作为物权客体的，依照其规定。"

（二）物权的法律特征

（1）物权就其本质而言体现的是一种人与人之间的财产关系，而不纯粹是与物之间的关系。从法律上看，物权关系作为一种法律关系，乃是一种人与人之间的社会关系，并且是以一定的权利义务为内容的社会关系。

（2）物权的主体是特定的权利人。《民法典》将物权的权利主体表述为权利人，包括各种民事主体，如国家所有权人、集体所有权人、私人所有权人等。在具体的物权法律关系中，权利人都是指特定的权利人，而义务人是不特定的第三人。

（3）物权的客体一般为物，包括不动产和动产。《民法典》规定，物权的客体主要是动产和不动产。即物权的客体主要是有体物。所谓有体物，是指具有一定的物质形体，能够为人们所感知的物。行为、智力成果和人身利益均不能成为物权的客体。

（4）物权具有优先权和追及力。物权的优先权即指存在于同一物上的物权和债权之间，物权具有优先于债权的效力。物权的追及力是指物权的标的物无论辗转流向何处，权利人均得追及于物之所在行使其权利，依法请求不法占有人返还。物权的保护方法大多偏重于"物上请求权"的方法，如返还原物、排除妨碍等。

（5）物权具有排他性。一方面，物权的排他性要求在一物上不得同时成立内容矛盾的物权；另一方面，物权的排他性是指物权具有对抗第三人的效力，权利人之外的任何人都负有不得侵害和妨碍物权的义务。

（三）物权的基本原则

1. 物权法定原则

《民法典》第一百一十六条规定："物权的种类和内容，由法律规定。"

物权法定主要包括三方面的内容。

（1）物权种类法定。物权种类法定包含两方面意思：一方面，物权的具体类型必须要由法律明确确认，法律之外的规范性文件（如行政规章、地方性法规）不得创设物权，当事人不得创设法律所不承认的新的类型的物权；另一方面，种类法定既不允许当事人任意创设法定物权之外的新种类物权，也不允许当事人通过约定改变现有的法律规定的物权类型。

（2）物权内容法定。物权的内容法定包括两个方面意思：一方面，物权的内容必须要由法律规定，当事人不得创设与法定物权内容不符的物权，也不得基于其合意自由决定物权的内容。另一方面，内容法定就是强调当事人不得做出与《民法典》物权编关于物权内容的强制性规定不符的约定。

（3）物权效力法定。物权的效力包括对世性、支配性、优先性、追及性，它是物权的基本性质的体现，也是物权和其他基本权利区别的标志。

2. 物权平等保护原则

国家、集体、私人的物权和其他权利人的物权受法律平等保护，任何组织或者个人不得侵犯。

3. 物权公示原则

公示原则，是指物权的设立、变动必须依据法定的公示方法予以公开，使第三人能够及时了解物权的变动情况。不动产物权的设立、变更、转让和消灭，应当依照法律规定登记。动产物权的设立和转让，应当依照法律规定交付。物权公示原则属于法律的强制性规则，当事人不得通过合同加以变更。

二、物权的类型

（一）所有权

所有权是构成物权的基础。担保物权和用益物权是从所有权派生出来的。所有权是指权利人对自己的不动产和动产，依照法律的规定享有占有、使用、收益和处分的权利。处分权是所有权区别于其他权利的重要特征。所有权包括国家所有权、集体所有权、私人所有权，并派生出建筑物区分所有权。

1. 国家所有权

法律规定属于国家所有的财产，属于国家所有即全民所有。国有财产由国务院代表国家行使所有权，法律另有规定的，依照其规定。

国家所有权范围包括以下几点。

（1）城市的土地，属于国家所有。法律规定属于国家所有的农村和城市郊区的土地，属于国家所有。

（2）森林、山岭、草原、荒地、滩涂等自然资源，属于国家所有，但是法律规定属于集体所有的除外。

（3）矿藏、水流、海域属于国家所有。

（4）无居民海岛属于国家所有，国务院代表国家行使无居民海岛所有权。

（5）法律规定属于国家所有的野生动植物资源，属于国家所有。

（6）无线电频谱资源属于国家所有。

（7）法律规定属于国家所有的文物，属于国家所有。

（8）国防资产属于国家所有。铁路、公路、电力设施、电信设施和油气管道等基础设施，依照法律规定为国家所有的，属于国家所有。

2. 集体所有权

农民集体所有的不动产和动产，属于本集体成员集体所有。城镇集体所有的不动产和动产，依照法律、行政法规的规定由本集体享有占有、使用、收益和处分的权利。集体所有的财产受法律保护，禁止任何组织或者个人侵占、哄抢、私分、破坏。

集体所有的不动产和动产包括以下几点。

（1）法律规定属于集体所有的土地和森林、山岭、草原、荒地、滩涂。

（2）集体所有的建筑物、生产设施、农田水利设施。

（3）集体所有的教育、科学、文化、卫生、体育等设施。

（4）集体所有的其他不动产和动产。

对于集体所有的土地和森林、山岭、草原、荒地、滩涂等，依照下列规定行使所有权有以下几点。

（1）属于村农民集体所有的，由村集体经济组织或者村民委员会依法代表集体行使所有权。

（2）分别属于村内两个以上农民集体所有的，由村内各该集体经济组织或者村民小组依法代表集体行使所有权。

（3）属于乡镇农民集体所有的，由乡镇集体经济组织代表集体行使所有权。

3. 私人所有权

私人对其合法的收入、房屋、生活用品、生产工具、原材料等不动产和动产享有所有权。私人的合法财产受法律保护，禁止任何组织或者个人侵占、哄抢、破坏。

（二）用益物权

1. 概念

所有权是自物权，用益物权就是他物权（限制物权），是权利人对他人所有的不动产或者动产，依法享有占有、使用和收益的权利。《民法典》物权编所规定的用益物权种类有土地承包经营权、建设用地使用权、宅基地使用权居住权和地役权等。

2. 《民法典》对用益物权的相关规定

（1）国家所有或者国家所有由集体使用，以及法律规定属于集体所有的自然资源，组织、个人依法可以占有、使用和收益。

（2）用益物权人行使权利，应当遵守法律有关保护和合理开发利用资源、保护生态环境的规定。所有权人不得干涉用益物权人行使权利。

（3）因不动产或者动产被征收、征用致使用益物权消灭或者影响用益物权行使的，用益物权人有权依据《民法典》第二百四十三条、第二百四十五条的规定获得相应补偿。

（4）土地上已经设立土地承包经营权、建设用地使用权、宅基地使用权等用益物权的，未经用益物权人同意，土地所有权人不得设立地役权。

（三）担保物权

1. 概念

担保物权是指担保物权人在债务人不履行到期债务或者发生当事人约定的实现担保物权的情形，依法享有就担保财产优先受偿的权利。设立担保物权的目的就是为了担保债权人的债权的实现。担保可分为物的担保和财产权利担保两种方式。担保物权可分为抵押权、质权和留置权等。

2. 《民法典》对担保物权的相关规定

（1）债权人在借贷、买卖等民事活动中，为保障实现其债权，需要担保的，可以依照《民法典》和其他法律的规定设立担保物权。

（2）设立担保物权，应当依照法律规定订立担保合同。担保合同包括抵押合同、质押合同和其他具有担保功能的合同。担保合同是主债权债务合同的从合同。主债权债务合同无效的，担保合同无效，但是法律另有规定的除外。

担保合同被确认无效后，债务人、担保人、债权人有过错的，应当根据其过错各自承担相应的民事责任。

（3）担保物权的担保范围包括主债权及其利息、违约金、损害赔偿金、保管担保财产和实现担保物权的费用。当事人另有约定的，按照其约定。

（4）担保期间，担保财产毁损、灭失或者被征收等，担保物权人可以就获得的保险金、赔偿金或者补偿金等优先受偿。被担保债权的履行期限未届满的，也可以提存该保险金、赔偿金或者补偿金等。

（5）有下列情形之一的，担保物权消灭：①主债权消灭；②担保物权实现；③债权人放弃担保物权；④法律规定担保物权消灭的其他情形。

第二节　业主的建筑物区分所有权

一、建筑物区分所有权的概念

建筑物区分所有权，是指多个业主共同拥有一栋建筑物时，各个业主对其在构造和使用上具有独立的建筑物部分所享有的所有权和对供全体或部分所有人共同使用的建筑物部分所享有的共有权，以及基于建筑物的管理、维护和修缮等共同事务而产生的共同管理权的总称。《民法典》第二百七十一条规定："业主对建筑物内的住宅、经营性用房等专有部分享有所有权，对专有部分以外的共有部分享有共有和共同管理的权利。"

根据上述规定，我们知道，业主的建筑物区分所有权由以下三部分构成。

第一，业主对专有部分的所有权。即业主对建筑物内的住宅、经营性用房等专有部分享有所有权，有权对专有部分占有、使用、收益和处分。

第二，业主对建筑区划内的共有部分的共有权。即业主对专有部分以外的共有部分如电梯、过道、楼梯、水箱、外墙面、水电气的主管线等享有共有的权利。

第三，业主对建筑物区划内的共有部分的共同管理权，即业主对专有部分以外的共有部分享有共同管理的权利。

二、专有部分的所有权

（1）业主对其建筑物专有部分享有占有、使用、收益和处分的权利。

业主对建筑物内属于自己所有的住宅、经营性用房等专有部分可以直接占有、使用，实现居住或营业的目的；也可以依法出租，获取收益；还可以出借，解决亲朋好友居住之难，加深亲朋好友间的亲情与友情；或者在自己的专有部分上依法设定负担。例如，为保证债务的履行将属于自己所有的住宅或者经营性用房抵押给债权人，或者抵押给金融机构以取得贷款等；还可以将住宅、经营性用房等专有部分出售给他人，对专有部分予以处分。

（2）业主行使专有部分所有权时，不得危及建筑物的安全，不得损害其他业主的合法权利。

业主的专有部分是建筑物的重要组成部分，但与共有部分不可分离。例如，没有电梯、楼道、走廊，业主就不可能出入自己的居室；没有水箱、水、电等管线，业主就无法使用自己的居室。因为建筑物专有部分与共有部分具有一体性、不可分离性，所以业主对专有部分行使专有所有权应受到一定限制。例如，业主在对专有部分装修时，不得拆除房屋内的承重墙，不得在专有部分内储藏、存放易燃易爆危险等物品，危及整个建筑物的安全，损害其他业主的合法权益。

（3）业主转让建筑内的住宅、经营性用房等专有部分，其对共有部分享有的共有和共同管理的权利一并转让。

业主的建筑物区分所有权是一个集合权，包括对专有部分享有的所有权、对建筑区划内共有部分享有的共有权和共同管理的权利，这三种权利具有不可分离性。在这三种权利中，业主对专有部分的所有权占主导地位，是业主对专有部分以外的共有部分享有共有权，以及对共有部分享有共同管理权的前提与基础。没有业主对专有部分的所有权，就无法产生业主对专有部分以外共有部分的共有权，以及对共有部分的共同管理的权利。如果业主丧失了对专有部分的所有权，也就丧失了对共有部分的共有权及对共有部分的共同管理的权利。

（4）业主不得违反法律、法规以及管理规约，将住宅改变为经营性用房。业主将住宅改变为经营性用房的，除遵守法律、法规及管理规约，应当经有利害关系的业主同意。

将住宅改变为歌厅、餐厅等经营性用房，会造成来往小区人员过多，外来人员杂且乱，干扰业主的正常生活，造成小区车位、电梯、水、电等公共设施使用的紧张，造成楼板的承重力过大，增加了小区不安全、不安定的因素，弊端多，危害性大。将住宅改为经营性用房，用于商业目的，也会造成国家税费的大量流失。《民法典》物权编第二百七十九条规定："业主不得违反法律、法规以及管理规约，将住宅改变为经营性用房。业主将住宅改变为经营性用房的，除遵守法律、法规以及管理规约外，应当经有利害关系的业主一致同意。"

业主不得随意改变住宅的居住用途，是业主应当遵守的一个最基本的准则，也是业主必须承担的一项基本义务。如果业主确实因生活需要，如因下岗无收入来源，生活困难，将住宅改变为经营性用房，必须遵守法律、法规及管理规约的规定。例如，要办理相应的审批手续，要符合国家卫生、环境保护要求等。在遵守法律、法规及管理规约的前提下，还必须征得有利害关系的业主同意。这两个条件必须同时具备，才可以将住宅改变为经营性用房，二者缺一不可。作为业主自我管理、自我约束、自我规范的建筑区划内有关建筑物及其附属设施的管理规约也可以依法对此问题作出规定。

三、共有部分的共有权

（一）业主对专有部分以外的共有部分享有权利、承担义务，不得以放弃权利不履行义务

业主对专有部分以外的共有部分享有共有权，即每个业主在法律对所有权未做特殊规定的情形下，对专有部分以外的走廊、楼梯、道路、电梯、外墙面、水箱、水电气管线等共有部分，对物业管理用房、公用设施、绿地、道路等共有部分享有占有、使用、收益或者处分的权利。但是，如何行使占有、使用、收益或者处分的权利，还要依据《民法典》的相关法律、法规和建筑区划管理规约的规定。业主对专有部分以外的共有部分的共有权，还包括对共有部分共负义务。同样，业主对共有部分如何承担义务，也要依据《民法典》物权编及相关法律、法规和建筑区划管理规约的规定。业主对专有部分以外的共有部分的共有权，还包括对共有部分共负义务。同样，业主对共有部分如何承担义务，也要依据《民法典》物权编及相关法律、法规和建筑区划管理规约的规定。

由于业主对专有部分以外的共有部分既享有权利，又负有义务，有的业主就可能以放弃权利为由，不履行义务。对此，《民法典》第二百七十三条规定："业主对建筑物专有部分以外的共有部分，享有权利，承担义务；不得以放弃权利为由不履行义务。"例如，业主不得以不使用电梯为由，不缴纳电梯维修费用；在集中供暖的情况下，不得以冬季不在此居住为由，不缴纳暖气费用。

（二）建筑区划内的道路、绿地、物业管理用房及其他公共场所、公用设施的所有权归属

《民法典》第二百七十四条规定："建筑区划内的道路，属于业主共有，但是属于城镇公共道路的除外。建筑区划内的绿地，属于业主共有，但是属于城镇公共绿地或者明示属于个人的除外。建筑区划内的其他公共场所、公用设施和物业服务用房，属于业主共有。"需要注意的是，法律规定的绿地、道路归业主所有，不是说绿地、道路的土地所有权归业主所有，而是说绿地、道路作为土地上的附着物归业主所有。物业管理用房归业主所有，与《物业管理条例》的规定一致。《物业管理条例》第三十七条规定："物业管理用房的所有权依法属于业主。未经业主大会同意，物业服务企业不得改变物业管理用房的用途。"

（三）建筑区划内车位、车库的所有权归属

在对我国房地产市场的实际做法和存在问题进行调查研究的基础上，借鉴国外的通常做法，从易于操作、减少纠纷和保护业主利益等角度出发研究车位、车库的所有权归属问题。

《民法典》第二百七十五条规定："建筑区划内，规划用于停放汽车的车位、车库的归属，由当事人通过出售、附赠或者出租等方式约定。""占用业主共有的道路或者其他场地用于停放汽车的车位，属于业主共有。"

《民法典》第二百七十六条规定："建筑区划内，规划用于停放汽车的车位、车库应当首先满足业主的需要。"

四、共有部分的共同管理权

（一）关于业主共同决定事项的范围

《民法典》第二百七十八条规定，建筑区划内的下列事项须由业主共同决定。

（1）制定和修改业主大会议事规则。业主大会议事规则是业主大会组织、运作的规程，需要由业主共同决定。

（2）制定和修改建筑物及其附属设施的管理规约。建筑物及其附属设施的管理规约是业主自我管理、自我约束、自我规范的规则约定，涉及每个业主的切身利益，应当由全体业主共同制定和修改。

（3）选举业主委员会和更换业主委员会成员。业主通过业主大会选举能够代表和维护自己利益的业主委员会委员，成立业主委员会。对不遵守管理规约，责任心不强的业主委员会委员予以更换。

（4）选聘和解聘物业服务企业或者其他管理人。物业服务企业或者其他管理人的管理水平如何，与业主利益有着直接的关系，通过业主大会集体决策，可以较好地选聘和解聘物业服务企业或者其他管理人。

（5）使用建筑物及其附属设施的维修资金。

（6）筹集建筑物及其附属设施的维修资金。维修资金的筹集、使用关系到业主的切身利益，应当由业主共同决定。

（7）改建、重建建筑物及其附属设施。建筑物及其附属设施的改建、重建，涉及业主建筑物区分所有权的行使及费用的负担，需要业主共同决定。

（8）改变共有部分的用途或者利用共有部分从事经营活动。

（9）有关共有和共同管理权利的其他重大事项。除上述所列事项，对建筑区划内有关共有和共同管理权利的其他重大事项，也需要由业主共同决定。例如，如何对物业公司的工作予以监督，如何与居民委员会协作等。

（二）关于业主共同决定事项的表决规则

（1）业主共同决定事项，应当由专有部分面积占比三分之二以上的业主且人数占比三分之二以上的业主参与表决。

（2）筹集建筑物及其附属设施的维修资金、改建重建建筑物及其附属设施、改变共有部分的用途或者利用共有部分从事经营活动等，应当经参与表决专有部分面积四分之三以上的业主且参与表决人数四分之三以上的业主同意。

（3）决定前款其他事项，应当经参与表决专有部分面积过半数的业主且参与表决人数过半数的业主同意。

（三）关于业主大会和业主委员会

1. 业主大会和业主委员会的设立

（1）业主可以设立业主大会，选举业主委员会

业主是建筑区划内的主人。业主大会是业主的自治组织，是基于业主的建筑物区分所有权的行使产生的，由全体业主组成，是建筑区划内建筑物及其附属设施的管理机构。因此，只要是建筑区划内的业主，就有权参加业主大会，行使专有部分以外共有部分的共有权以及共同管理的权利，并对小区内的业主行使专有部分的所有权做出限制性规定，以维护建筑区划内全体业主的合法权益。因此，《民法典》规定，业主可以设立业主大会。如果建筑区划内业主人数众多，可以设立本建筑物或者建筑区划内所有建筑物的业主委员会。业主委员会是本建筑物或者建筑区划内所有建筑物的业主大会的执行机构，按照业主大会的决定履行管理的职责。

（2）地方人民政府有关部门应当对设立的业主大会和业主委员会，给予指导和协助

由于业主大会是业主的自治组织，其成立应由业主自行筹备，自主组建。但是，一个建筑区划内，业主从不同的地方入住，互不相识，而入住的时间有先有后，有的相差几年，因此，成立业主大会对于业主来说有一定的难度。而业主大会的成立关系着业主如何行使自己的权利，维护自身的合法权益，关系到广大业主的切身利益，关系到建筑区划内的安定团结，甚至关系到社会的稳定。地方人民政府有关部门应当向准备成立业主大会的业主予以指导，提供相关的法律、法规及规章，提供已成立业主大会的成立经验，帮助成立筹备组织，提供政府部门制定的业主大会议事规则、业主管理公约等示范文本，协调业主之间的不同意见，为业主大会成立前的相关活动提供必要的活动场所，积极主动参加业主大会的成立大会等。

2. 业主大会和业主委员会的决定效力

《民法典》第二百八十条规定：业主大会或者业主委员会的决定，对业主具有法律约束力。这是因为业主大会是由建筑区划内的全体业主参加，依法成立的自治组织，是建筑区划内建筑物及其附属设施的管理机构。业主大会依据法定程序做出的决定，反映了建筑区划内绝大多数业主的意志与心声，代表和维护了建筑区划内广大业主的合法权益。业主委员会是业主大会的执行机构，实施业主大会做出的决定。业主大会或者业主委员会作为自我管理的权力机关和执行机关，依据法定程序做出的决定，对业主应当具有约束力。

对业主具有约束力的决定，必须是依法设立的业主大会、业主委员会做出的，必须是业主大会、业主委员会依据法定程序做出的，必须是符合法律、法规及规章，不违背社会道德，不损害国家、公共和他人利益的决定，必须同时具备上述三点，否则业主大会、业主委员会的决定对业主没有约束力。《物业管理条例》规定，业主大会、业主委员

会做出的决定违反法律、法规的，物业所在地的区、县人民政府房地产行政主管部门，应当责令限期改正或者撤销其决定，并通告全体业主。

业主大会、业主委员会主要对建筑区划内，业主的建筑物区分所有权如何行使，业主的合法权益如何维护等事项做出决定。例如，可以对制定和修改业主大会议事规则做出决定，对制定和修改建筑物及其附属设施的管理规约做出决定，对选举业主委员会或者更换业主委员会成员做出决定，对选聘、解聘物业服务企业或者其他管理人做出决定，对筹集、使用建筑物及其附属设施的维修资金做出决定，对改建、重建建筑物及其附属设施做出决定。无论业主大会、业主委员会做出哪一项决定，对业主均具有约束力。

3. 业主大会和业主委员会的处置权

目前，有些建筑区划内的个别业主，不遵守法律、法规及管理规约的规定，任意弃置垃圾、排放污染物或制造噪声、违反规定饲养动物、违章搭建、侵占通道、拒付物业费，损害了部分业主甚至是全体业主的合法权益。对这些行为应当如何处置？《民法典》第二百八十六条第二款作了规定："业主大会或者业主委员会，对任意弃置垃圾、排放污染物或者噪声、违反规定饲养动物、违章搭建、侵占通道、拒付物业费等损害他人合法权益的行为，有权依照法律、法规以及管理规约，请求行为人停止侵害、排除妨碍、消除危险、恢复原状、赔偿损失。"

（四）关于共同管理权的其他规定

1. 维修资金的所有权归属与使用

建筑物及其附属设施的维修资金，属于业主共有。经业主共同决定，可以用于电梯、水箱等共有部分的维修。维修资金的筹集、使用情况应当公布。

2. 管理费用分摊与收益分配

建筑物及其附属设施的费用分摊、收益分配等事项，有约定的，按照约定；没有约定或者约定不明确的，按照业主专有部分占建筑物总面积的比例确定。

3. 建筑物及其附属设施的管理

（1）业主可以自行管理建筑物及其附属设施，也可以委托物业服务企业或者其他管理人管理。

（2）对建设单位聘请的物业服务企业或者其他管理人，业主有权依法更换。

（3）物业服务企业或者其他管理人根据业主的委托管理建筑区划内的建筑物及其附属设施，并接受业主的监督。

第三节 共 有

一、共有的概念与特征

（一）共有的概念

所谓共有，是指某项财产由两个或两个以上的权利主体共同享有所有权。《民法典》第二百九十七条规定："不动产或者动产可以由两个以上组织、个人共有。共有包括按份共有和共同共有。"

（二）共有的特征

（1）共有的主体不是单一的，而是两人以上。例如，某一所房屋属于甲、乙两人所有。它的主体是多数人，而不是单一主体。

（2）共有的客体也是特定的独立物。共有物在共有关系存续期间，不能分割为各个部分由各个共有人分享所有权，而是由各个共有人共同享有其所有权、各个共有人的权利及共有物的全部。

（3）共有人对共有物或者按照各自的份额，或者平等地享有权利。但是，共有人对于自己权利的行使，并不是完全独立的，在许多情况下要体现全体共有人的意志，要受其他共有人的利益的制约。

共有和公有是两个不同的概念。共有财产的主体是两个或两个以上的共有人，各个共有人依法律的规定或者约定享有所有权，他们是共有物的共同所有人。而公有制不同，公有财产的主体是单一的。全民所有的财产的主体是国家，集体所有的财产的主体是集体组织。

二、共有的形式

（一）共同共有

1. 概念与特征

共同共有人对共有的不动产或者动产共同享有所有权。

共同共有是指两个或两个以上的公民或法人，根据某种共同关系而对某项财产不分份额地共同享有权利并承担义务。共同共有的特征包括以下几点。

（1）共同共有根据共同关系而产生，以共同关系的存在为前提。

（2）在共同共有中，共有财产不分份额。

（3）在共同共有中，各共有人平等地享受权利和承担义务。

2. 共同共有人的权利和义务

共同共有人对共有财产享有平等的占有、使用权。对共有财产的收益，不是按比例分配，而是共同享用。对共有财产的处分，必须征得全体共有人的同意。在共同共有关系存续期间，部分共有人擅自处分共有财产的，一般认定无效。但第三人善意、有偿取得该财产的，应当维护第三人的合法权益，对其他共有人的损失，由擅自处分共有财产的人赔偿。根据法律规定或依据共有人之间的协议，可以由某个共有人代表或代理全体共有人处分共有财产。无权代表或代理的共有人擅自处分共有财产的，如果其他共有人明知而不提出异议，视为其同意。

3. 共同共有的形式

在我国，共同共有的基本形式有两种，即夫妻共有财产和家庭共有财产。

（1）夫妻共有财产：依据《民法典》婚姻家庭编规定，夫妻在婚姻关系存续期间所得的财产，归夫妻共同所有。夫妻对共同所有的财产，有平等的处理权。

（2）家庭共有财产：家庭共有财产是指家庭成员在家庭共同生活关系存续期间，共同创造、共同所得的财产。

（二）按份共有

1. 按份共有的概念

按份共有，又称分别共有，是指两个或两个以上的共有人按照各自的份额分别对共有财产享有权利和承担义务的一种共有关系。

2. 按份共有人的权利和义务

（1）按份共有人有权依其份额对共有财产享有占有、使用和收益的权利。

（2）按份共有人有权按照约定管理其共有财产。关于共有物的利用，《民法典》物权编没有规定共有物究竟应当如何利用。对此，法律实际上是当事人自由确定的。

（3）按份共有人享有物权请求权。物权请求权是基于物权而产生的、为了恢复物权的圆满状态的权利。

（4）按份共有人有权处分其份额。

（5）按份共有人享有优先购买权。当按份共有人出售自己的份额时，同等条件下其他按份共有人有优先购买的权利。

（6）全体共有人有权处分共有财产。

3. 约定不明视为按份共有

根据《民法典》相关规定，约定不明视为按份共有的情况包括如下两点。

（1）共有人对共有的不动产或者动产没有约定为按份共有或者共同共有，或者约定不明确的，除共有人具有家庭关系等，视为按份共有。

（2）按份共有人对共有的不动产或者动产享有的份额，没有约定或者约定不明确的，按照出资额确定；不能确定出资额的，视为等额享有。

第四章　相 邻 关 系

一、相邻关系的概念

相邻关系，指两个或两个以上相互毗邻不动产的所有人或使用人，在行使占有、使用、收益、处分权利时发生的权利义务关系。也就是，在所有人或使用人在占有、使用、收益、处分权利时发生矛盾的，应当运用法律调节彼此间的矛盾，使他们有权从邻方得到必要的便利，并防止来自邻方的危险和危害。同时，对各自所有权的行使也应有所节制，不能损害邻方的合法权益。因此，相邻关系实际上是在斟酌相邻各方的利益和公共秩序后，对行使所有权的一种限制或节制，享有地上权的人，也应适用相邻关系的法律规定。相邻关系的规则一般应由法律明文规定。

二、相邻关系的种类

相邻关系比较复杂，较重要的有以下两种。

（一）关于生活、工业、农业用水的相邻关系

关于生活、工业、农业用水的相邻关系较为重要，特别是高低地、上下游、左右岸之间的需水与排水，水利与水害关系。例如，造成对方损失，应予赔偿；分享水利，费用应分担。

根据《民法典》相关规定，不动产权利人应当负有以下义务。

（1）不动产权利人应当为相邻权利人用水、排水提供必要的便利。

对自然流水的利用，应当在不动产的相邻权利人之间合理分配。对自然流水的排放，应当尊重自然流向。

关于防止危险和危害。如环境污染，存放及使用易爆、易燃物，近房施工，危险建筑等。相邻双方应避免由于自己方面的原因对邻方造成危险及危害。也有权要求排除来自对方的危险和危害。一旦造成损失，责任者应依法承担责任。

（2）不动产权利人不得违反国家规定弃置固体废物，排放大气污染物、水污染物、土壤污染物、噪声、光辐射、电磁辐射等有害物质。

（二）关于邻地的通行和使用的相邻关系

这类关系包括穿越邻地至公共通道的通行权，通过邻地设置管道和线路，以及因建筑施工而使用邻地等。如因此造成邻方的损失，也应赔偿。相邻关系举证应该有实施方承担，被实施方举证要困难得多，类似于环境案件。

不动产权利人对相邻权利人因通行等必须利用其土地的，应当提供必要的便利。不动产权利人挖掘土地、建造建筑物、铺设管线及安装设备等，不得危及相邻不动产的安全。

比较常见的相邻关系有以下几种：①相邻土地使用关系；②相邻防险、排污关系；③相邻用水、流水、截水、排水关系；④相邻管线安设关系；⑤相邻光照、通风、音响、震动关系；⑥相邻竹木归属关系；⑦相邻安全关系。

三、不动产相邻关系具有的特征

（1）相邻关系发生在两个或两个以上的不动产相邻的所有权人或者使用人之间。相邻人可以是自然人、也可以使法人；可以是财产所有人，如集体组织、房屋所有人，也可以是非所有人，如承包经营人、承租人。

（2）相邻关系的客体一般不是不动产和动产本身，而是由行使所有权或者使用权所引起的和邻人有关的经济利益或者其他利益，如噪声影响邻人休息，对于不动产和动产本身的归属并不发生争议。有的相邻关系的客体是物，例如，相邻竹木归属关系。

（3）相邻关系的发生常与不动产的自然条件有关，即两个或两个以上所有人或者使用人的财产应当是相邻的。如上例承包经营人乙不通过承包经营人甲承包的土地不能到达自己承包的土地。如果甲、乙之间的土地一个在河北，一个在西藏，自然就不可能发生这种相邻关系。

所谓"相邻"，不以不动产的直接相邻为限。例如，甲、乙两村处于同一条河流的上下游，两村虽然不直接相邻，但可能因用水、流水、截水与排水关系，而有相邻关系适

用的余地。

四、相邻关系纠纷的处理原则

《民法典》第二百八十八条规定:"不动产的相邻权利人应当按照有利生产、方便生活、团结互助、公平合理的原则,正确处理相邻关系。"

(一)兼顾利益:兼顾各方的利益,互谅互让、互助团结

相邻各方对土地、山林、草原等自然资源的使用权和所有权发生争议,或因环境污染发生争议以后,必须本着互谅互让、有利团结的精神协商解决;协商不成的,由有关国家机关和人民法院解决。在争议解决以前,争议各方不得荒废土地、山林等自然资源,不得破坏有关设施,更不得聚众闹事,强占或毁坏财产。对故意闹事造成财产损害和人身伤害的,除追究当事人的民事责任,还应追究其行政责任,甚至刑事责任。

相邻各方在行使所有权或使用权时,要互相协作,兼顾相邻人的利益。以邻为壑,损人利己,妨害社会公共利益的行为,是与相邻关系所应遵循的原则相悖的。人民法院处理相邻关系纠纷,也要兼顾各方的利益,使纠纷得以妥善解决。

(二)提供利益:有利生产、方便生活

处理因相邻关系发生的纠纷时,应从有利于有效合理地使用财产,有利于生产和生活出发。例如,在处理地界纠纷时,如果原来未划定地界,就应当根据如何便于经营管理和有利于生产发展的原则,来确定新的地界线。

(三)公平合理

公平合理是民法所追求的价值目标,也是处理相邻关系的基本原则,其中有四层含义。

(1)坚持权利义务平等。相邻各方都是平等的民事主体,谁也不能只行使权利,不履行义务。相邻一方不履行义务的,应承担民事责任。

(2)行使权利应保持在合理限度内。

(3)尊重历史形成的客观状况和先后顺序。

(4)避免或排除妨害,合理赔偿损失。

相邻关系的种类很多,法律很难对各种相邻关系都做出具体规定,这就需要人民法院在处理相邻关系纠纷时,应该从实际出发,进行深入的调查研究,兼顾各方面的利益,适当考虑历史情况和习惯,公平合理地处理纠纷。

本章小结

1. 物权的定义和类型:物权是权利人依法对特定的物享有直接支配和排他的权利,包括所有权、用益物权和担保物权。

2. 土地所有权和土地使用权:我国土地所有权归国家和集体。

3. 房屋所有权:包括房屋占有、使用、收益和处分权。

4. 建筑物区分所有权:其是指业主对建筑物内的住宅、经营性用房等专有部分享有

所有权，对专有部分以外的共有部分享有共有和共同管理的权利。

5. 相邻权：相邻关系，指两个或两个以上相互毗邻不动产的所有人或使用人，在行使占有、使用、收益、处分权利时发生的权利义务关系。

6. 共有权：《民法典》第二百九十七条规定："不动产或者动产可以由两个或两个以上组织、个人共有。共有包括按份共有和共同共有。"

复习思考题

1. 什么是物权？物权有哪些类型？
2. 什么是土地所有权和房屋所有权？
3. 什么是建筑物区分所有权？有哪些特征？
4. 按份共有和共同共有有什么区别？
5. 常见的相邻关系有哪些？相邻关系纠纷的处理原则是什么？

案例分析题

1. 2020年5月，河南三门峡一小区6岁男童赵某某从25楼抛下瓷砖，楼下5岁男童苗某某被砸伤后去世。据警方通报，肇事男童是将楼道内脱落的踢脚线瓷砖从25楼的通道通风窗口扔出。

问题：

（1）本案中高空抛下瓷砖的6岁男童赵某某是否需要承担责任？

（2）本案中物业是否该为该案担责？

2. 福州市某公寓A楼401单元产权人系原告余某，402单元产权人系被告涂某，403单元产权人系被告王某，三套房产系同一楼层相邻的单元。402单元和403单元打通，由王某实际使用和管理。2012年8月22日，原告401室家中卧室墙角渗水，造成原告家中地板、家具损坏。庭审中，原告与被告王某均确认漏水系由位于402室的公用管道破裂造成。原告提交的照片可体现破裂的管道被瓷砖砌围。另查，被告F物业于2012年8月10日与"某公寓临时管理委员会"签订《小区物业管理委托合同》，并于2012年8月15日签订"补充说明"：被告F物业负责该小区公用管道与公用电线的维护，不包括业主室内的给排水管道和电线路维护。现原告提起诉讼，要求被告涂某、王某和F物业赔偿原告损失25100元。

经原告申请，法院依法委托E工程建设咨询有限公司对原告的渗水损失进行鉴定，损失金额被鉴定为9786元，鉴定费用1500元。

问题：F物业公司是否应承担责任，赔偿损失？说明理由。

即测即练

第五章

业主与业主自治组织

教学目的

通过本章的学习，使学生了解业主、业主委员会和业主大会的概念，熟悉业主大会和业主委员会的职责，掌握在物业服务中业主的权利和义务。

教学重点

物业服务中业主的权利和义务。

教学难点

业主大会成立的程序和法律规定。

案例导入

案例简介

某业主委员会于2014年2月经登记备案后成立，并依据《业主大会议事规则》规定行使权利、履行职责，由业委会副主任巍某保管公章。2014年4月，业主委员会主任于某辞职，在居委会主持下经全体业委会委员投票选举巍某为新业委会主任。2014年9月13日，巍某、白某二人以书面形式辞去业委会委员等一切职务。2014年9月19日，业委会依据《业主大会议事规则》第二十八条在小区内发出公告，将巍某、王某、白某辞职情况予以公示。巍某辞职后，业委会公章仍由其持有，未交还某业委会。于某等四名业主委员会成员便以业主委员会名义起诉至法院，要求巍某返还业主委员会公章。

2014年10月9日，某街道社区建设科作出《关于小区业委会增补委员建议》：依据《北京市住宅区业主大会和业主委员会指导规则》规定，上述三人业委会委员资格已自动终止。鉴于小区委员会目前仍剩四名委员，剩余委员数达到全体委员半数以上，应继续正常开展业委会日常工作，业委会公章应当移交到业委会，但业委会作出任何决定必须经过四人全部同意方可确认。若业主大会议事规则中有其他明确约定的，按其约定执行。为此，建议尽快召开业主大会增补委员。

问题： 1. 于某等四人以业主委员会名义起诉是否合法？说明理由。
2. 巍某须返还业主委员会公章吗？

案例分析

法院经审理认定：于某等四人以业主委员会名义起诉是否合法问题，虽然业主委员会只剩四人，但是业委会作为一个组织并未被消灭，现于某等四人一致决定起诉巍某，可以作为某业委会的意思表示，故某业委会起诉符合法律规定。鉴于巍某、王某、白某三人的业委会委员资格已自动终止。根据《某业主大会议事规则》规定，业主委员会资格终止的，应当自终止之日起3日内，向业主委员会移交其保存的有关凭证、档案等文件资料、印章，以及其他属于全体业主共有的财物。巍某已经不具备业委会委员资格，其再行保管某业委会的公章，不符合《某业主大会议事规则》，故判令巍某向某业委会返还公章。

印章是单位的财产和对外活动进行意思表示的手段，应由相关负责人进行保管。当印章持有人因身份改变而不应再持有印章而又拒绝交出印章，将会导致单位印章的缺位。原业委会主任辞职、任期届满等拒不交出印章的，新的业主委员会或业主委员会成员应依法定程序通过共同意思表示代表业委会主张相关权利。通过上述案例可见，业主委员会委员的选聘、任职资格、换届后印章交接等问题，集中反映了业主委员会换届引发的利益矛盾冲突。此外，业主委员会成员不胜任职责、随意辞职、辞职后补选难、任期届满后难以延续等问题亟须有效解决和完善。

第一节　业　　主

《物业管理条例》实施以前，在物业服务中大多采用业主委员会制度，即由业主选举产生的业主委员会，代表全体业主行使有关物业管理的权利。从效果来看，业主委员会制度对物业管理的发展起到过一定的促进作用。但由于该制度集决策和执行于一体，缺乏有效的监督机制，难以体现全体业主的意愿，有违权责一致的原则。在物业服务中，有少数业主委员会成员侵害大多数业主的利益，也有的住宅小区发生业主委员会随意解聘物业管理企业或不当利用公共设施经营的决定，遭到大多数业主反对，导致矛盾产生。鉴于以上问题，《物业管理条例》确立了业主大会和业主委员会并存，业主大会决策、业主委员会执行的制度。规定物业管理区域内全体业主组成业主大会，业主大会代表和维护物业管理区域内全体业主的合法权益。同时，明确了业主大会的成立方式、职责、会议形式、表决原则，以及议事规则的主要事项，规定了业主委员会的产生方式、资格条件、职责、备案等。业主委员会作为业主大会的执行机构，可以在业主大会的授权范围内就某些物业管理事项做出决定，但重大的物业管理事项的决定只能由业主大会做出。这一制度有利于维护大多数业主的合法权益，保障物业管理活动的顺利进行。

为了规范业主大会、业主委员会的运作，加强监督管理，《物业管理条例》规定业主大会和业主委员会应当依法履行职责，不得做出与物业管理无关的决定，不得从事与物业管理无关的活动。

一、业主的概念

《物业管理条例》中明确规定房屋的所有权人为业主。由于我国实行房屋所有权与土地使用权归属同一个主体的原则,拥有了房屋的所有权在事实上就拥有了与房屋相配套的设备、设施和相关场地的相关权利。因此,将业主定义为"房屋的所有权人",并没有排除业主对与房屋相配套的设备、设施和相关场地拥有的相关权利。在物业管理活动中,业主作为不动产所有权人,不受国籍限制,也不受自然人、法人或其他组织的属性限制。

我国对房地产管理实行权证管理方式。一般情况下,确定房屋所有权人的主要凭据是房地产行政主管部门颁发的房屋所有权证。属于自然人的房屋,房屋所有权证上标明房屋所有权人的姓名,属于法人或其他组织的房屋,房屋所有权证上标明房屋所有权人的组织名称。

物业服务中,具备业主身份的情况有三种:一是房屋所有权证书持有人,二是房屋共有权证书持有人,三是待领房屋所有权证书和房屋共有权证书的购房人。

二、业主的权利

在物业管理活动中,业主基于对房屋的所有权享有对物业和相关共同事务进行管理的权利。这些权利有些由单个业主享有和行使,有些只能通过业主大会来实现。

《物业管理条例》规定业主在物业服务活动中享有的权利包括以下几点。

(一)按照物业服务合同的约定,接受物业服务企业提供的服务

物业服务合同是业主与物业服务企业之间约定双方权利与义务的协议。物业服务合同签订后,物业服务企业负有向业主提供合同所约定服务的义务,业主在支付了合同所约定的物业服务费用后,享有接受物业企业提供服务的权利。

(二)提议召开业主大会会议,并就物业服务的有关事项提出建议

业主大会会议是业主大会开展工作的基本形式。业主大会由物业管理区域内的全体业主组成。作为业主大会的成员,业主享有提议召开业主大会会议的权利。《物业管理条例》第十三条规定:经20%以上的业主提议,业主委员会应当组织召开业主大会临时会议,业主有对物业服务有关事项提出建议的权利,促使物业管理能及时、有效地以符合广大业主利益的方式进行。

(三)提出制定和修改业主公约、业主大会议事规则的建议

业主公约、业主大会议事规则是规范业主之间权利与义务关系和业主大会内部运作机制的基础性规约。这些规约在生效以后对物业管理区域内全体业主都有约束力,而且这些规约的规定事关全体业主的共同利益,因此每一位业主都有参与制定和修改这些规约的权利。当业主认为有必要制定业主公约、业主大会议事规则,或者认为现有业主公约、业主大会议事规则有不完善的地方,可以提出自己有关制定和修改业主公约、业主大会议事规则的建议。

(四)参加业主大会会议,行使投票权

业主对物业管理区域内重大事项的决定权,是通过参加业主大会会议,在会议上行使表决权的方式来行使的。只要具有业主身份,就具有参加业主大会会议的权利。在业主大会会议上,业主按照省、自治区、直辖市制定的确定业主在首次业主大会会议上投票权的具体办法,或者业主大会议事规则约定的业主投票权确定办法,对列入会议议程的各项物业管理事项进行投票,做出体现全体业主共同意志的决定。

(五)选举业主委员会委员,并享有被选举权

业主委员会是业主大会的执行机构,具体执行业主大会决定的事项,并就物业管理区域内的一般性日常事务作出决定。它由一定数量的业主代表,即业主委员会委员组成。业主委员会委员从业主中选举产生,作为业主的代言人履行具体职责,为全体业主服务。每一位业主都有选举符合自己意愿的业主委员会委员的权利,同时业主作为业主大会的成员也都享有被选举为业主委员会委员的权利。

(六)监督业主委员会的工作

业主委员会是业主大会的执行机构,它的工作直接关系到每一位业主的切身利益。由于业主委员会委员也具有个人利益,可能会怠于行使业主大会赋予它的职责,有些素质不高的业主委员会委员甚至可能会做出损害业主利益的行为。为了防止这种业主委员会委员侵害业主权益情况的发生,督促业主委员会委员更好地履行职责,保护业主的合法权益,应当保证业主对业主委员会委员享有监督权。如业主有权对业主委员会的工作提出批评和建议;有权知晓业主委员会的运作情况;有权了解业主委员会所作出的各项决定的理由;有权查询业主委员会保存的各项档案文件;有权制止并要求业主委员会纠正其不符合法律或者规约的行为等。业主对业主委员会的工作行使监督权有利于业主委员会规范、健康地运作。

(七)监督物业管理企业履行物业服务合同

物业管理企业是基于和业主之间的物业服务合同,为业主提供服务的经营主体,与业主处于物业管理法律关系的相对方。业主有权对物业管理企业履行物业服务合同的情况进行监督。例如,业主有权对物业管理企业履行合同的情况提出批评与建议,有权查询物业管理企业在履行合同中形成的有关物业管理事项的各项档案材料,有权监督物业管理企业的收费情况,有权要求物业管理企业对违反合同的行为进行改正等。业主对物业管理企业的监督权有利于物业管理企业更好地履行物业管理服务。

(八)对物业共用部位、共用设施设备和相关场地使用情况享有知情权和监督权

物业共用部位、共用设施设备和相关场地,与业主所拥有的物业不可分割,业主对拥有物业进行占有、使用、收益和处分,不可避免地要牵涉对物业共用部位、共用设施设备的使用。业主和物业管理企业可以在不损害业主共同利益的情况下,依法对物业共用部位、共用设施设备和相关场地进行使用。但这种使用不能侵害全体业主的合法权益,

因此，每一个业主对物业共用部位、共用设施设备和相关场地使用的情况享有知情与监督的权利。

（九）监督物业共用部位、共用设施设备专项维修资金(以下简称专项维修资金)的管理和使用

物业共用部位、共用设施设备专项维修资金是在物业产权多元化的情况下，为了保证房屋的维修和正常使用，依照国家规定建立的专门性资金，专项维修资金属于业主所有，其是否完好，运行是否正常，不仅关系到相邻住户、整幢楼，甚至整个物业管理区域物业的正常维护和使用，还关系到全体业主的共同利益。因此，专项维修资金的使用和管理，必须受到业主严格的监督，以防止专项维修资金被挪用，使其得到合理的使用。业主在专项维修资金的收取、使用、续筹、代管等各个环节都享有监督权。

（十）法律、法规规定的其他权利

除以上权利，业主还享有法律、法规规定的其他方面权利。例如，在物业受到侵害时，有请求停止侵害、排除妨碍、消除危险、赔偿损失的权利，有对物业维护、使用等方面的规章制度、各项报告、提案进行审议的权利，有为维护业主合法权益进行投诉和控告的权利等。

三、业主的义务

权利和义务是相对应的，业主在物业管理活动中享有一定权利的同时还应当履行一定的义务。《物业管理条例》规定业主在物业管理活动中应当履行的义务主要有以下几点。

（一）遵守业主公约、业主大会议事规则

业主公约是业主依法订立的一种自我管理规约，业主公约应当对有关物业的使用、维护、管理，业主的共同利益，业主应当履行的义务，违反公约应当承担的责任等事项依法做出约定。每一位业主都应当依照业主公约的规定行使权利、履行义务。业主大会议事规则是业主大会运行应当遵循的规则，它应当就业主大会的议事方式、表决程序、业主投票权确定办法、业主委员会的组成和委员任期等事项做出约定。业主通过缔结业主公约和业主大会议事规则来进行自我管理和自我约束，有利于形成良好的物业管理秩序。业主公约、业主大会议事规则对全体业主具有约束力，每位业主都要自觉遵守业主公约和业主大会议事规则的规定。

（二）遵守物业管理区域内物业共用部位和共用设施设备的使用、公共秩序和环境卫生的维护等方面的规章制度

物业共用部位和共用设施设备的使用、公共秩序和环境卫生的维护等事项，事关物业管理区域内全体业主的共同利益。为了维护这种共同利益，业主大会可以制定或者授权物业管理企业制定一系列的规章制度，要求全体业主共同遵守。每一位业主都有遵守这些规章制度的义务。

（三）执行业主大会的决定和业主大会授权业主委员会做出的决定

业主大会的决定是全体业主共同做出的，代表了全体业主的共同意志，符合业主的共同利益，理应得到全体业主的共同遵守。业主委员会是业主大会的执行机构，具体实施业主大会所做出的决定，经业主大会的授权，也可以自行做出对一定物业管理事项的决定，业主委员会做出的决定，业主同样应该执行。

（四）按照国家有关规定缴纳专项维修资金

专项维修资金是保障物业得以正常维修改造的必要条件，业主应承担缴纳专项维修资金的义务。实际生活中，有的物业管理区域内业主不缴纳或者不及时缴纳专项维修资金导致了物业的加速老化和毁损，使物业贬值，并危及广大业主的生命财产安全，这种情况必须得到改变。

（五）按时缴纳物业服务费用

物业服务费用是服务合同约定的重要内容之一。它是确保物业管理正常运行的必要前提，是物业管理企业按合同约定对房屋建筑及其设施设备、绿化、卫生、交通、治安和环境卫生等项目开展日常维护、修缮、整治服务及提供其他与业主生活相关服务所收取的费用。物业管理服务行为是一种市场行为，应当遵循等价有偿的市场原则。业主在享受物业管理企业提供的服务的同时，必须按照合同的约定按时缴纳物业服务费，不得无故拖延和拒缴，否则物业管理企业有权依法要求其承担违约责任。

（六）法律、法规规定的其他义务

除以上义务，业主还应承担法律、法规规定的其他义务。例如，有配合物业管理企业开展服务活动的义务，有装饰装修房屋时向物业管理企业告知的义务，有按照物业本来的用途和目的使用物业的义务，有维护物业的使用安全和美观的义务，有遵守物业管理区域内公共秩序，维护物业管理区域内的环境整洁的义务等。

第二节 业 主 大 会

在以往的物业服务中，我国主要采用业主委员会代表全体业主决策的做法，业主委员会对业主的重大事项享有决策权。从效果来看，业主委员会决策制度对物业管理活动的发展起到了一定的积极作用，但也暴露出许多问题。由于一些业主委员会成员素质不高，出现业主委员会为了少数人的利益而侵害大多数业主合法权益的情况。同时，也由于业主对业主委员会缺少有效的监督机制，因此业主之间，业主与业主委员会之间，业主委员会成员之间，产生大量矛盾，给物业管理的正常进行带来影响。2003年《物业管理条例》颁布后，改变业主委员会决策的旧有做法，推行业主大会制度，规定物业管理区域内，由全体业主组成业主大会，业主大会代表和维护物业管理区域内全体业主的合法权益，并决定物业管理的重大事项。这一制度有利于维护大多数业主的合法权利，可以有效解决物业管理活动中业主委员会的不规范行为。

一、业主大会的组成和性质

业主大会是业主参与物业管理活动的组织形式，由物业管理区域内全体业主组成。业主大会代表和维护物业管理区域内全体业主在物业管理活动中的合法权益，有权依据法律法规的规定和业主公约的约定，决定物业管理区域内一切物业管理事项。物业管理区域内的任何业主，都必须遵守业主大会制定的业主公约和业主大会议事规则，遵守业主大会制定的各项规章制度，并执行业主大会做出的决定。

二、业主大会的筹备与成立

（一）成立业主大会的限制和选择

一个物业管理区域只能成立一个业主大会，而不能成立多个业主大会。对于由众多业主构成的物业管理区域，只有成立业主大会才能民主解决物业管理的公共事项；对于业主数量很少的物业管理区域，业主共同商讨物业管理问题很方便，业主大会成立与否并不影响业主关于物业管理的民主决策，因此，这样的物业管理区域，可以不成立业主大会。《物业管理条例》规定："同一个物业管理区域内的业主，应当在物业所在地的区、县人民政府房地产行政主管部门或者街道办事处乡镇人民政府的指导下成立业主大会，并选举产生业主委员会。但是，只有一个业主的，或者业主人数较少且经全体业主一致同意，决定不成立业主大会的，由业主共同履行业主大会、业主委员会职责。"例如，有的大厦建筑规模很大，连同配套建筑和设施构成独立的物业管理区域，但大厦产权统属一人或几人，业主只有一个或几个，这样的大厦就可以不成立业主大会。业主大会仅仅是业主民主决策的一种组织形式，《物业管理条例》规定业主大会制度，是为了保障众多业主的公众权益不受损害，只要不影响业主民主决策，是否成立业主大会，由物业管理区域的全体业主决定。

（二）业主大会的筹备

1. 成立业主大会筹备组

业主筹备成立业主大会，应当在物业所在地的区、县人民政府房地产行政主管部门和街道办事处(乡镇人民政府)的指导下，由业主代表、建设单位(包括公有住房出售单位)组成业主大会筹备组。业主大会筹备组负责业主大会筹备工作。

筹备组成员名单确定后，应当以书面形式在物业管理区域内公告。

2. 业主大会筹备组的工作内容

（1）确定首次业主大会会议召开的时间、地点、形式和内容。

（2）参照政府主管部门制定的示范文本，拟定《业主大会议事规则（草案）》和《业主公约（草案）》。

（3）确认业主身份，确定业主在首次业主大会会议上的投票权数。

（4）确定业主委员会委员候选人产生办法及名单。

（5）做好召开首次业主大会会议的其他准备工作。

3. 筹备业主大会的工作要求

（1）业主大会筹备组的工作内容，应当在首次业主大会会议召开15日前以书面形式在物业管理区域内公告。

（2）公告《业主大会议事规则（草案）》和《业主公约（草案）》的同时，应当将业主向筹备组反馈修改意见的时间和反馈方式同时公告。

（3）确认业主身份，应当以业主房屋产权证书标明的房屋所有权人为准。

（4）业主在首次业主大会会议上的投票权，应当根据业主拥有物业的建筑面积、住宅套数等因素确定。具体确定标准和方式，可参照省、自治区、直辖市制定的实施办法进行。

三、业主大会的成立

业主大会筹备组应当自组成之日起30日内在物业所在地的区、县人民政府房地产行政主管部门的指导下，组织业主召开首次业主大会会议。

首次业主大会的会议议程一般包括以下内容。

（1）报告业主大会的筹备工作情况。

（2）宣读业主名册和在首次业主大会会议上的投票权数。

（3）宣读《业主大会议事规则（草案）》和《业主公约（草案）》，宣讲业主提出的修改意见，以及业主大会筹备组根据业主意见对《业主大会议事规则（草案）》和《业主公约（草案）》的修改结果。

（4）投票通过《业主大会议事规则》和《业主公约》。

（5）宣读业主委员会委员候选人名单，经投票选举产生业主委员会组成人员。

业主在首次业主大会会议上的投票权，一般根据业主拥有物业的建筑面积、住宅套数等因素确定。具体办法由省、自治区、直辖市制定。

四、业主大会的职责

《物业管理条例》规定业主大会的六项职责包括以下六点：

（1）制定、修改业主公约和业主大会议事规则；

（2）选举、更换业主委员会委员，监督业主委员会的工作；

（3）选聘、解聘物业管理企业；

（4）决定专项维修资金使用、续筹方案，并监督实施；

（5）制定、修改物业管理区域内物业共用部位和共用设施设备的使用、公共秩序和环境卫生的维护等方面的规章制度；

（6）法律、法规或者业主大会议事规则规定的其他有关物业管理的职责。

五、业主大会活动规则

（一）定期会议和临时会议

业主大会会议分为定期会议与临时会议。定期会议与临时会议都由业主委员会组织召开。定期会议的期间由业主大会在业主大会议事规则中确定。当出现下列情况时，业主委员会应当及时组织召开业主大会临时会议。

（1）20%以上业主提议召开业主大会临时会议。

（2）发生重大事故或者紧急事件需要及时处理。

（3）业主大会议事规则或者业主公约规定的其他情况。

发生以上应当召开业主大会临时会议的情况时，如果业主委员会不履行组织召开会议职责，区、县人民政府房地产行政主管部门应当责令业主委员会限期召开业主大会临时会议。

业主委员会应当在召开业主大会会议 15 日前将会议通知及有关材料以书面形式在物业管理区域内公告。如果是住宅小区召开业主大会会议，还应当同时告知与物业管理区域相关的居民委员会。

（二）业主代理人和业主代表人

1. 业主代理人

业主因故不能参加业主大会会议的，可以书面委托代理人参加。代理人应当在业主委托书的授权范围内行使代理权，如投票、发表意见、参加表决等。业主委托代理人的授权内容不得超越业主自身权限，如投票权数。业主只能委托代理人代理事项，不能委托代理人代理业主身份，代理人无权以候选人身份参加业主委员会成员的竞选。

2. 业主代表人

物业管理区域内业主人数较多的，可以按照幢、单元、楼层等为单位，推选一名业主代表参加业主大会会议。推选业主代表参加业主大会会议的，业主代表应当于参加业主大会会议 3 日前，就业主大会会议拟讨论的事项，书面征求其所代表的业主意见。凡须投票表决的事项，业主代表应当要求业主将赞同、反对及弃权的决定及享有的投票权数书面签字，然后由业主代表在业主大会上代表业主如实投票。业主代表因故不能参加业主大会会议的，其所代表的业主应当另外推选一名业主代表参加大会。

（三）业主大会的召开形式

业主大会会议可以采用到会业主集体讨论的形式，也可以采用书面征求意见和书面投票表决的形式。

（四）业主大会决定事项的表决效力

（1）业主共同决定事项，应当由专有部分面积占比三分之二以上的业主且人数占比三分之二以上的业主参与表决。

（2）业主大会作出制定和修改业主公约、业主大会议事规则、选聘或解聘物业管理企业、选举业主委员会或者更换业主委员会成员、使用建筑物及其附属设施的维修资金，实行多数表决原则，应当经参与表决专有部分面积过半数的业主且参与表决人数过半数的业主同意。

（3）业主大会做出筹集建筑物及其附属设施的维修资金；改建、重建建筑物及其附属设施；改变共有部分的用途或者利用共有部分从事经营活动的决定，应当经参与表决专有部分面积四分之三以上的业主且参与表决人数四分之三以上的业主同意。

业主大会不符上述规则的表决事项，均属无效。业主委员会应当书面记录业主大会会议情况，并存档备案。业主委员会还应当将业主大会的决定以书面形式在物业管理区域内及时公告。

第三节　业主委员会

一、业主委员会的性质和职责

业主委员会简称业委会，是指由物业管理区域内的业主选举产生，维护业主的合法权益，反映业主意愿和要求，协助和监督物业管理公司工作的自治管理组织。

（一）业主委员会的性质

《物业管理条例》将业主委员会明确定位为业主大会的执行机构。业主委员会由全体业主通过业主大会会议选举产生，是业主大会的常设性执行机构，对业主大会负责，具体负责执行业主大会交办的各项物业管理事项。

（二）业主委员会的职责

《物业管理条例》规定了业主委员会的五项主要职责。

1. 召集业主大会会议，报告物业管理的实施情况

除了首次业主大会会议，业主委员会是业主大会会议的法定召集人。首次业主大会会议以后的定期会议和临时会议均由业主委员会负责筹备和召集。业主委员会作为业主大会的执行机构具体负责物业管理区域内的各项物业管理事项的实施与管理，因此，业主委员会应当定期召集业主大会会议，将有关物业管理事项的实施情况向业主大会报告并接受业主大会的监督。

2. 代表业主与业主大会选聘的物业服务企业签订物业服务合同

业主大会享有选聘物业服务企业的权利，但业主大会的成员是全体业主，不可能由业主大会与物业企业签订物业服务合同。客观上，物业管理合同的签订只能由业主委员会来具体进行。业主大会通过会议决定的方式选聘某一物业服务企业后，应由业主委员会代表业主与业主大会选聘的物业服务企业正式签订物业服务合同。

3. 及时了解业主、物业使用人的意见和建议，监督和协助物业服务企业履行物业服务合同

业主对业主委员会的工作享有监督权，并有就物业管理的有关事项提出意见和建议的权利。物业使用人是指物业的承租人和其他实际使用物业的非业主。物业使用人基于其对物业实际上的使用，不可避免地会参与到物业管理活动中来。业主委员会作为联系广大业主和物业服务企业的桥梁，应当及时了解并听取业主、物业使用人的意见与建议，并把业主的这些建议和意见反映给物业服务企业，以提高物业服务水平。业主委员会与物业服务企业签订了物业服务合同之后，作为合同一方当事人享有对物业服务企业履行

物业服务合同的情况进行监督的权利。例如，监督物业服务企业是否严格履行物业服务合同的职责等。在履行监督职责的同时，业主委员会有义务协助物业服务企业的工作，尽可能地为其工作提供方便，协调物业服务企业和业主之间的关系，帮助物业服务企业更好地履行物业服务合同。

4. 监督业主公约的实施

业主公约在物业管理区域内的实施是否到位直接影响到物业品质、公共秩序和环境卫生状况的好坏。业主委员会有权对业主公约的实施情况进行监督，一旦有业主不遵守业主公约的规定，影响到其他业主的合法权益或者物业管理区域内的公共利益时，业主委员会有权予以制止、批评教育、责令限期改正，并依照业主公约的规定进行处理。

5. 业主大会赋予的其他职责

除了以上法定职责，业主委员会还应当履行业主大会赋予的其他职责。例如：业主委员会对各类物业管理档案资料、会议记录的保管，对业主公约、业主大会议事规则修订文本的起草，对相关印章、财产的保管，对业主之间和业主与物业管理企业之间纠纷的调解等。

二、业主委员会的备案

业主委员会是业主大会的执行机构，一经业主大会会议选举产生，就在业主大会议事规则规定的任期内履行相关职责。因此，《物业管理条例》规定业主委员会成立后应当向物业所在地的区、县人民政府房地产行政主管部门备案，以便政府行政主管部门对业主委员会的情况进行必要的了解和掌握。备案一般应当包括业主委员会的成员基本情况、业主公约、业主大会议事规则等主要内容。

在一些地方政策法规中，规定业主委员会实行登记制度，即业主委员会成立后要到房地产行政主管部门进行登记审核。这样做的目的是强化对业主委员会的管理，但在实际工作中存在许多的问题：首先，政府房地产行政主管部门缺少足够的精力和时间对业主委员会进行实质性的审核，难以起到登记的效果。其次，登记审核容易造成政府对业主委员会的成立与运作进行一些不正当的干预，而业主委员会是业主自治的一种形式，政府不宜干预过多，介入太深。政府的作用主要应该体现在指导、帮助、协调、监督业主委员会的成立及运作上，以保证业主委员会真正代表全体业主的利益。因此，《物业管理条例》明确对业主委员会实行备案制度，以区别于审批制度。为了督促业主委员会及时纳入到有关部门的监督管理中去，《物业管理条例》还对业主委员会备案的时间做了限定，规定备案的时间为自选举产生之日起30日内。

三、业主委员会的相关法律规定

（一）业主委员会委员的资格条件

业主委员会的各项任务最终要依靠其委员来具体执行，因此业主委员会委员的素质高低直接关系到业主大会的决定能否顺利、高质量地完成。物业服务中，大多数业主委员会成员能够代表业主利益,热心为业主办事,但也有一些业主委员会委员素质不高,有的利用权力牟取私利,做出损害广大业主利益的行为;有的人为制造物业管理纠纷,不利于物业管理活动的正常开展。因此,很有必要对业主委员会委员条件做出规定,以便业主大会会议选举出来的业主委员会委员能够真正代表广大业主的利益。一般来说,业主委员会委员应当符合以下条件。

(1)本物业管理区域内具有完全民事行为能力的业主。
(2)遵守国家有关法律、法规。
(3)遵守业主大会议事规则、业主公约,模范履行业主义务。
(4)热心公益事业,责任心强,公正廉洁,具有社会公信力。
(5)具有一定组织能力。
(6)具备必要的工作时间。

业主委员会应当自选举产生之日起3日内召开首次业主委员会会议,推选产生业主委员会主任1人,副主任1~2人。业主委员会的主任、副主任是业主委员会的召集人和组织者,他们均由业主大会选举出来的业主委员会委员自行推选产生,这样可以增强业主委员会主任、副主任在业主委员会中的公信力,有利于其组织业主委员会的各项活动。

(二)业主委员会委员的资格终止

业主委员会委员除了要符合当选委员的几个条件外,如果有以下情形之一的,经业主大会会议通过,其业主委员会委员的资格应当终止。

(1)因物业转让、灭失等原因不再是业主。
(2)无故缺席业主委员会会议连续三次以上。
(3)因疾病等原因丧失履行职责能力。
(4)有犯罪行为。
(5)以书面形式向业主大会提出辞呈。
(6)拒不履行业主义务。
(7)其他原因不宜再担任业主委员会委员。

业主委员会委员资格终止后,该业主应当自终止之日起限定时间内将其保管的档案资料、印章及其他属于业主大会所有的财物移交给业主委员会。

(三)业主委员会会议的召开

业主委员会应当定期召开业主委员会会议,研究本物业管理区域内的物业管理事宜。遇有特殊情况,经1/3以上业主委员会委员提议,或者业主委员会主任认为有必要召开会议的,也应当及时召开业主委员会会议。

无论是定期会议还是临时召开的会议,业主委员会的会议均应当有过半数委员出席,做出决定必须经全体委员人数半数以上同意。

业主委员会的每次会议均应当做好书面记录,由主持会议的委员签字后存档。业主委员会做出的决定应当以书面形式在物业管理区域内及时公告,同时告知相关的居民委员会,并听取居民委员会的建议。

（四）业主委员会的改选与变更

1. 业主委员会的改选

业主委员会应当在任期届满 2 个月前召开业主大会会议，进行业主委员会的换届选举工作。逾期未换届的，房地产行政主管部门可以指派工作人员指导其换届工作。

业主委员会经换届选举后，原业主委员会应当在其任期届满之日起 10 日内，将其保管的档案资料、印章及其他属于业主大会所有的财物移交新一届业主委员会，并做好交接手续。

2. 业主委员会委员的变更

经业主委员会或者 20%以上业主提议，认为有必要变更业主委员会委员的，由业主大会会议做出变更决定，并以书面形式在物业管理区域内公告。

（五）业主委员会的工作经费

业主大会和业主委员会开展工作的经费由全体业主承担；经费的筹集、管理、使用具体由业主大会议事规则规定。

业主大会和业主委员会工作经费的使用情况应当定期以书面形式在物业管理区域内公告，接受业主的质询。

（六）限制性规定

业主大会、业主委员会依法履行一定的职责，但是其履行职责时必须遵守法律法规的规定，必须在法定的职责内从事活动，不得滥用其权利。《物业管理条例》明确规定了业主大会、业主委员会行使权利的范围和对象，即业主大会、业主委员会只能在物业管理区域内并就物业管理有关的事项代表全体业主行使权利。超出法定范围从事活动，业主大会、业主委员会就背离其成立和存在的宗旨。因此，从保障广大业主合法利益的角度出发，法律对业主大会、业主委员会行使职权的活动作了限定，禁止业主大会、业主委员会做出与物业管理区域内的物业管理事项无关的决定，以及从事与物业管理无关的活动。

《物业管理条例》规定了房地产行政主管部门对业主大会、业主委员会的活动的监督管理职责。业主大会、业主委员会做出违反法律、法规的决定的行为，因违法而失去正当性。例如：业主大会作出非法集会的决定；业主委员会作出的挪用专项维修资金的决定；业主委员会不经业主大会通过直接作出的选聘、解聘物业管理企业的决定等。对此类行为，由物业所在地的区、县人民政府房地产行政主管部门责令限期改正或者撤销其决定，并在物业管理区域内向全体业主通告。

本章小结

1. 业主的概念：业主是指物业的所有权人。
2. 业主的权利和义务。
3. 业主大会是指由物业区域内的全体业主组成的，维护全体业主公共利益、行使业主对物业管理自治权的业主自治机构。

4. 业主大会的召开、职责。

5. 业主委员会是业主大会的执行机构，是在物业管理活动中代表和维护物业辖区内全体业主合法权益的自治性组织，业主委员会对业主大会负责。

6. 业主委员会委员的任职条件。

7. 业主委员会的职责。

复习思考题

1. 什么是业主？业主有哪些权利和义务？
2. 业主大会的职责是什么？
3. 业主委员会的职责有哪些？
4. 业主委员会主任和委员应具备哪些条件？

案例分析题

1. 某天 A 小区管理处接到 2 号楼 106 栋业主投诉，业主称管理处巡查人员不允许她把燃气热水器装在车库内，现在装修已完工，热水器一定要装在车库里，例如，不同意将拒缴物业管理费。

问题：你认为该案例应如何处理？为什么？

2. A 房地产开发公司与某物业公司签订"物业管理委托合同"，委托该物业公司对小区进行物业管理和服务，并约定小区业委会成立后，本合同终止，由业委会与物业公司协商确定是否签订新的物业服务合同。后来，该小区顺利成立了业委会，但因小区的业主们对是不是要更换物业公司这一事项迟迟不能达成一致意见，业委会也就没有与物业公司签订新的物业服务合同，更没有选聘新的物业公司。物业公司为了保障小区业主的正常生活需要继续为小区提供了物业服务。小区业主王某在享受物业服务之后以"物业管理委托合同"已经到期终止为由拒不缴纳该合同到期之后的物业费，该物业公司催收未果，故诉至法院。

问题：你认为该案例应如何处理？依据是什么？

即测即练

自学自测 扫描此码

第六章

物业服务企业

教学目的

通过本章的学习,使学生了解物业服务企业的概念与特征,理解物业服务企业设立条件和组织运行,掌握物业服务企业的法律地位及职责范围。

教学重点

物业服务企业的法律地位及职责范围。

教学难点

物业服务企业职责范围案例分析。

案例导入

案例简介

安女士是某小区的业主,2019年11月5日回家后,发现家中一片狼藉,贵重物品和部分现金被盗,于是立即报警。由于现场留有的线索有限,至今尚未侦破。失窃案件发生后,安女士找到物业服务中心,要求赔偿损失,但双方对于过错程度的认定和赔偿金额的确定存在较大分歧,最终未能协商解决。于是,安女士向法院起诉,要求该小区的物业服务中心赔偿其相应损失。

问题:安女士要求该小区的物业服务中心赔偿其相应损失是否合适?有何依据?

案例分析

考虑:1. 物业服务企业与业主的关系。
　　　2. 物业服务企业的职责。

业主安女士与物业服务中心之间存在合法有效的物业服务合同,这是物业服务中心承担责任的法理基础。

该小区的物业服务中心有责任和义务维护物业管理区域内的相关秩序的活动,包括业主的人身和财产安全。由于物业服务中心的疏忽,造成管理区域内业主财产损失的,物业服务中心负有相应的法律责任。

第一节 物业服务企业的设立和组织运行

我国《物业管理条例》第三十二条规定：从事物业管理活动的企业应当具有独立的法人资格。

一、物业服务企业的概念和特征

物业服务企业是依法成立、具备专门资质并具有独立企业法人地位，依据物业服务合同从事物业管理相关活动的经济实体。其特征可以归纳为以下几点。

（一）物业服务企业具有营利性

物业服务企业严格遵循法定程序建立，拥有一定的资金、设备、人员和经营场所；拥有明确的经营宗旨和符合法规的管理章程，具备相应的物业管理资质；独立核算，自负盈亏，以自己的名义享有民事权利，承担民事的责任；所提供的服务是有偿的和盈利性的。

（二）物业服务企业具有专业性

物业服务企业的主要职能是通过对物业的管理和提供的多种专业性服务，确保物业正常使用，为业主和物业使用人创造一个舒适、方便、安全的工作和居住环境。物业服务企业本身并不制造实物产品，它主要是通过常规性的公共服务延伸性的专项服务、随机性的特约服务、委托性的代理服务和创造性的经营服务等项目，尽可能实现物业的保值和增值。因此，物业服务企业的"产品"就是服务，与工业企业等其他经济组织是有区别的。

（三）物业服务企业提供的服务具有多样性和社会性

物业服务企业的服务范围广泛，既包括日常的秩序维护、保洁绿化、设备维护等，还可开展增值服务和特色服务等多种服务形式。

物业服务企业在向业主和物业使用人提供服务的同时，还承担着物业区域内公共秩序的维护、市政设施的配合管理、物业的装修管理等，其内容带有公共管理的性质。

二、物业服务企业的作用

（一）物业服务企业为业主及使用人提供良好的工作生活环境

物业服务企业提供的专业化的保安、保洁、绿化、设施设备管理等基础服务给业主和物业使用人创造了安全舒适的生活环境，便于业主更便利地生活和工作。

（二）物业服务企业的专业化服务可以提高物业的使用收益，让物业保值增值，给业主带来资产增值

物业服务企业的专业化服务能让房屋保持良好运转状态，保持整体环境整洁、安全、

有序，提升物业价值，给业主的资产保值增值。

（三）物业服务企业承担了政府公共管理的部分职能，减轻了街道办事处、居委会等政府部门的工作压力

三、物业服务企业的设立条件

我国法律法规规定企业法人的成立条件及程序有严格规定，成立企业法人必须符合法律规定的具体条件。因此成立物业服务企业应具备以下条件。

（一）依法成立

物业服务企业的设立必须符合相关法律法规的要求，其设立机构、经营范围、经营方式等必须合法，必须按法律规定的程序成立。

（二）有符合法律法规规定的注册资本

这既是物业服务企业享受权利承担义务的物质基础，也是其独立承担民事责任的财产保障。

根据《中华人民共和国公司法》（以下简称为《公司法》）相关规定，注册资金是国家授予企业法人经营管理的财产或者企业法人自有财产的数额体现。物业有限责任公司的注册资本为在公司登记机关登记的全体股东认缴的出资额。法律、行政法规以及国务院决定对有限责任公司注册资本实缴、注册资本最低限额另有规定的，从其规定。股东可以用货币出资，也可以用实物、知识产权、土地使用权等可以用货币估价并可以依法转让的非货币财产作价出资；但是，法律、行政法规规定不得作为出资的财产除外。

物业股份有限公司采取发起设立方式设立的，注册资本为在公司登记机关登记的全体发起人认购的股本总额。在发起人认购的股份缴足前，不得向他人募集股份。股份有限公司采取募集方式设立的，注册资本为在公司登记机关登记的实收股本总额。法律、行政法规及国务院决定对股份有限公司注册资本实缴、注册资本最低限额另有规定的，从其规定。

（三）有符合法律法规规定的企业名称

企业名称是物业服务企业组成的一部分，是一个物业服务企业区别于其他物业服务企业的标志。

根据《企业名称登记管理规定》，须注意以下几点。

（1）企业只能登记一个企业名称，企业名称受法律保护。

（2）企业名称由行政区划名称、字号、行业或经营特点、组织形式组成。

（3）企业名称中的行业或者经营特点应当根据企业的主营业务和国民经济行业分类标准标明。

（4）企业名称不得损害国家尊严或者利益、损害社会公共利益、妨碍社会公共秩序及违背公序良俗，或者可能有其他不良影响。不得含有淫秽、色情、赌博、迷信、恐怖、暴力的内容和民族、种族、宗教、性别歧视的内容等。

（5）企业名称冠以"中国""中华""中央""全国""国家"等字词，应当按照有关规定从严审核，并报国务院批准。国务院市场监督管理部门负责制定具体管理办法。

（6）企业分支机构名称应当冠以其所从属企业的名称，并缀以"分公司""分厂""分店"等字词。境外企业分支机构还应当在名称中标明该企业的国籍及责任形式。

（7）企业名称由申请人自主申报。申请人可以通过企业名称申报系统或者在企业登记机关服务窗口提交有关信息和材料，对拟定的企业名称进行查询、比对和筛选，选取符合本规定要求的企业名称。

（8）企业登记机关在办理企业登记时，发现企业名称不符合本规定的，不予登记并书面说明理由。

（9）企业认为其他企业名称侵犯本企业名称合法权益的，可以向人民法院起诉或者请求为涉嫌侵权企业办理登记的企业登记机关处理。

根据公司登记管理的有关规定，物业服务企业应当由全体股东或发起人指定的代表或委托的代理人申请企业名称的预先核准，经工商行政管理部门批准后，获得"企业名称预先核准通知书"。

（四）有固定的公司住所

《民法典》规定法人以其主要办事机构所在地为住所。依法需要办理法人登记的，应当将主要办事机构所在地登记为住所。物业服务企业的住所用房可以是自有产权房，也可以是租赁用房。

（五）有符合法律法规规定的股东人数和法定代表人

在设立物业服务企业时，按《公司法》要求股东人数必须符合法定条件。物业有限责任公司须由五十个以下股东出资设立。设立物业股份有限公司，应当有二人以上二百人以下为发起人，其中须有半数以上的发起人在中国境内有住所。

（六）有与其管理规模相适应的各类管理人员和专业技术人员

根据《中华人民共和国企业法人登记管理条例》规定申请企业法人登记的单位应当具备符合国家规定并与其生产经营和服务规模相适应的资金数额和从业人员。

（七）有公司章程

物业服务企业章程是明确企业宗旨、性质、资金、业务、经营规模、组织机构及利益分配、债权债务、内部管理等内容的书面文件，是设立企业的最重要的基础条件之一。企业章程的内容因企业性质和业务的实际情况不同而有所不同。一般工商行政管理部门备有章程文本，主要内容包括以下几点。

（1）总则，包括公司名称和地址等。

（2）企业的经营范围。

（3）公司的注册资本。

（4）股东的姓名或名称。

（5）股东的权利和义务。

（6）股东的出资方式和出资额，股东转让出资的条件。

（7）公司的法定代表。

（8）公司解散事由和清算方法。

（9）职工录用方式、待遇、管理方法。

（10）企业的各种规章制度。

物业服务企业在办理企业注册登记时，应提交由具有法定资质机构出具的验资证明，以及必要的审批文件。物业服务企业如果符合规定的条件，在工商行政机关发给营业执照，公司即告成立。

四、物业服务企业的机构设置

物业服务企业规模较大、管理的物业较多时，企业的总体结构可分为两级：企业总部和各项目管理机构（也有称管理处、服务中心或服务处的）。在企业总部可以设置若干职能部门，分管各项目管理机构的不同业务；项目管理机构负责具体管理服务操作。

一般情况下，企业职能机构及其职责，主要包括以下内容。

（一）总经理室

总经理室一般设总经理、若干副总经理及"三师"（总会计师、总经济师、总工程师）等，部分企业还设有总经理助理，他们共同构成企业的决策层，对企业的重大问题作出决策。

（二）人力资源部

人力资源部的主要职责包括：制定企业各项人力资源管理制度，编制人力资源发展和培训计划，优化人力资源结构和人力资源配置，设计实施薪酬管理方案，完成人员招募、任免、调配、考核、奖惩、培训、解聘、辞退等工作。

（三）行政管理部

行政管理部的主要职责包括：编制实施行政管理、企业文化建设、品牌管理和信息化建设的规划和预算，建立相关规章制度、管理标准和工作标准，完成企业日常行政管理、企业文化和社区文化建设、品牌策划、后勤保障、内部信息管理、信息化建设、对外事务的联络等工作。

（四）财务部

财务部的主要职责包括：坚持原则，遵守财经纪律，执行财务规章制度；编制财务计划，做好财务核算、成本控制、预算和决算管理、财务分析和财务管理等工作；督促检查各项目的财务收支情况，监督资金和资产的安全运作，增收节支；定期向管理层汇报财务收支情况。

（五）品质管理部

品质管理部的主要职责包括：企业质量管理体系运行和维护、各物业项目服务品质监督、客户满意度评价及监督、管理评审、协助新物业项目建立质量管理体系、外部质量审核的协调、内部服务品质审核的组织协调、客户服务监督管理、客户关系管理、客户投诉处理、客户满意度评价等。

（六）市场拓展部

市场拓展部的主要职责包括：物业管理市场调查研究、物业管理市场拓展、物业项目可行性研究分析、制作标书、投标管理、新接管物业项目前期介入管理的组织和协调、顾问项目管理与协调等。

（七）经营管理部

经营管理部的主要职责包括：制订经营计划和分解经营目标，制定物业项目考核体系、考核指标和标准，组织对各物业项目进行目标考核等。

（八）工程管理部

工程管理部的主要职责包括：工程维修和运行保障，合格工程维修分包商评审，各项维修保养工程和工程改造项目投标、预算及审价、合同评审工作，为各物业项目提供工程技术支持、工程设备运行和维修评审，支持新项目做好新接管物业的移交、验收和工程管理，负责或参与有关工程设备管理文件的编制等。

（九）安全管理部

安全管理部的主要职责包括：各物业项目安全管理监督控制、安全管理指导的统筹安排、安全检查的统筹安排、安全管理评审、新项目安全管理支持和协助、负责或参与有关标书安全管理文件的编制等；具体负责公司安全管理制度及工作计划的制订与实施，并监督、指导、协调和考核各项目的执行情况；完成安全巡查、安全投诉处理、定期消防安全检查等工作；协助项目对重大安全事故或突发事件的调查和处理。

（十）环境管理部

环境管理部的主要职责包括：负责清洁、绿化管理，保持环境卫生，实施企业对清洁和绿化分包方监管等；具体负责指导、监督各项目清洁绿化日常维护保养工作；负责对承包方的监督检查与考核；负责制定公共环境卫生防护的各类管理措施，组织编制并实施项目清洁绿化的大、中型维护保养计划。

第二节 物业服务企业的法律地位及职责范围

一、物业服务企业的法律地位

对于物业服务企业的法律地位和职责，《物业管理条例》涉及的规定主要有以下几条。

第二条："本条例所称物业管理，是指业主通过选聘物业服务企业，由业主和物业服务企业按照物业服务合同约定，对房屋及配套的设施设备和相关场地进行维修、养护、管理，维护物业管理区域内的环境卫生和相关秩序的活动。"

第三十二条："从事物业管理活动的企业应当具有独立的法人资格。

国务院建设行政主管部门应当会同有关部门建立守信联合激励和失信联合惩戒机制，加强行业诚信管理。"

第三十三条："一个物业管理区域由一个物业服务企业实施物业管理。"

第三十四条："业主委员会应当与业主大会选聘的物业服务企业订立书面的物业服务合同。

物业服务合同应当对物业管理事项、服务质量、服务费用、双方的权利义务、专项维修资金的管理与使用、物业管理用房、合同期限、违约责任等内容进行约定。"

第三十五条："物业服务企业应当按照物业服务合同的约定，提供相应的服务。

物业服务企业未能履行物业服务合同的约定，导致业主人身、财产安全受到损害的，应当依法承担相应的法律责任。"

第三十六条："物业服务企业承接物业时，应当与业主委员会办理物业验收手续。

业主委员会应当向物业服务企业移交本条例第二十九条第一款规定的资料。"

第四十六条："物业服务企业应当协助做好物业管理区域内的安全防范工作。发生安全事故时，物业服务企业在采取应急措施的同时，应当及时向有关行政管理部门报告，协助做好救助工作。

物业服务企业雇请保安人员的，应当遵守国家有关规定。保安人员在维护物业管理区域内的公共秩序时，应当履行职责，不得侵害公民的合法权益。"

二、物业服务企业的职责范畴

依据以上条款规定，物业服务企业的职责范畴主要有以下方面。

（1）物业服务企业应当按照物业服务合同的约定，提供相应的服务，并建立物业服务清单，将所提供物业服务的内容、种类、标准、收支情况等在公共区域内向全体业主公示，接受业主监督。

（2）物业服务企业可以根据业主的委托提供特约服务项目。物业服务企业未尽到物业服务合同约定的义务，导致业主人身、财产安全受到损害的，应当依法承担相应的法律责任。

（3）对物业管理区域内违反有关治安、环保、卫生、物业装饰装修和使用等方面法律、法规、规章规定的行为，物业服务企业应当制止，并及时向有关行政管理部门报告。

（4）物业管理区域内的下列配套设施设备归全体业主所有，物业服务企业应做好管理。

①物业管理用房、门卫房、值班房、非机动车车库（棚）、监控室等共用设施设备机房，以及其他为物业管理区域服务的公共用房。

②共用的架空层、走廊、通道、楼梯间、电梯间以及屋面、外墙的附属空间。

③物业管理区域内除城镇公共道路以外的其他道路，除城镇公共绿地或者依法属于个人以外的其他绿地，非经营性的共用文体设施。

④建设单位以物业买卖合同或者其他书面形式承诺归全体业主所有的配套设施设备和相关场地。

⑤其他依法归全体业主所有的设施设备。

（5）物业管理区域内禁止下列行为，物业服务企业要做好监督工作。

①擅自改变房屋用途，将住宅改变为经营性用房。

②占用或者损坏物业共用部位、共用设施设备，擅自移动共用设备。
③对房屋的内外承重墙、梁、柱、楼板、阳台、天台、屋面等进行违章凿拆、搭占等。
④放置、排放易燃、易爆、有毒、放射性等有害物质或者制造噪声。
⑤利用物业从事危害公共利益和侵害他人合法权益的活动。
⑥占用公共场地，损毁绿化、建筑小品、文体设施等。
⑦随意倾倒或者抛弃垃圾、杂物。
⑧违章搭建、改建或以其他方式改变物业共用部位，影响其正常使用功能。
⑨在建筑物或构筑物上违规悬挂、张贴、涂写、刻画。
⑩法律、法规及业主公约禁止的其他行为。

本章小结

1. 物业服务企业是依法成立、具备专门资质并具有独立企业法人地位，依据物业服务合同从事物业管理相关活动的经济实体。
2. 物业服务企业的设立需要满足七个条件。
3. 依据《物业管理条例》的相关规定，明确物业服务企业的法律地位和职责。

复习思考题

1. 什么是物业服务企业？物业服务企业设立需要哪些条件？
2. 试述物业服务企业的法律地位和职责。

案例分析题

李某由北京来到上海某小区探望祖母。此时正值我国部分地区出现疫情，上海市有关部门发布紧急防控通知，要求严格落实社区出入口值班值守，加强验码、亮码、登记等疫情防控措施。李某骑单车进入小区时，物业公司值守保安当即呼喊要求其停车接受亮码、登记等疫情防控检查措施。李某听到有人呼喊后回头观看，随即加速向前骑行。值守保安骑车追赶，伸手接触李某背部时，李某因车辆失控而摔倒。之后李某将物业公司诉至法院，要求赔偿医疗费、交通费、营养费、护理费、误工费等各项损失共计十万余元。

问题：物业公司应如何处理？说明理由。

即测即练

自学自测 扫描此码

第七章 物业服务合同

教学目的

通过本章的学习，使学生了解合同的概念和订立的原则，掌握前期物业服务合同和物业服务合同的区别，熟悉《民法典》中对于物业服务合同的相关规定。

教学重点

前期物业服务合同和物业服务合同的区别。

教学难点

《民法典》中对于物业服务合同的相关规定的理解。

案例导入

案例简介

原告林木物业公司诉称，被告朱某系杭州市竹园路128号合家欢花苑某幢业主，其系合家欢花苑小区前期物业管理受聘单位。原、被告双方于2006年1月12日签订了"合家欢花苑前期物业管理服务协议"，约定由原告为被告提供物业管理服务。自合同签订以来，其尽职尽责履行合同义务，但是被告自2009年7月1日起开始拖欠物业管理费，截至2011年12月31日累计拖欠物业管理费13918元。经其催讨后，被告一直以各种理由拒绝支付。现请求判令被告支付拖欠的物业管理费13918元、滞纳金15657.7元（暂计至2013年1月10日）。审理中，原告变更诉讼请求，要求判令被告支付拖欠的物业管理费13917元，放弃主张滞纳金。

被告朱某辩称，其系合家欢花苑某幢的业主，但其不应该向原告支付2009年7月1日至2011年12月31日止的物业管理费13917元。因为其前面一户别墅的业主将房屋群租给三十多个人居住，这些租客存在乱扔垃圾、洗澡不关窗户等不文明行为，存在潜在的不安全因素。原告作为物业管理方，直到其退出合家欢花苑小区的物业管理时都未能将上述问题予以解决，故其不同意向原告支付物业管理费。

经审理查明，2006年1月12日，唯伦物业管理有限公司（甲方）与被告朱某（乙方）签订"杭州市前期物业管理服务协议"，约定甲方为乙方位于杭州市竹园路128号合家欢花苑某幢（建筑面积为289.95 m²）提供前期物业管理服务；前期物业管理期限为整个物业管理区域房屋交付使用后2年，物业管理收取标准为1.6元/（月·m²），每6个月交付一次；乙方不按本协议约定的收费标准和时间缴纳有关费用的，甲方有权要求乙方补缴，并从逾期之日起每天加收千分之三的滞纳金。合同签订之后，唯伦物业管理有限公司于2006年1月份进驻合家欢花苑小区提供物业管理服务，直至2012年1月份退出该小区的物业管理工作。被告2009年7月1日前的物业管理费均已缴纳，但自2009年7月1日起拒绝缴纳物业管理费。

另查明，2012年6月11日，唯伦物业管理有限公司将其名称变更为林木物业公司，并对公司住所地、法定代表人均进行了相应的变更。

审理中，原告称，对于被告反映的其前面一户存在的群租及租客表现的不文明行为等情况，其曾派工作人员进行过劝阻，也同该户的房东进行过调解，但是其作为物业管理方，无权干涉房东将其房屋群租的行为。另外，原告称其于2011年11月26日向被告送达了"催款通知单"，要求被告缴纳2009年7月1日至2011年12月31日的物业服务费13917元，现其自愿按七折向被告主张物业服务费，即9741.9元。被告称，其对原告主张的物业服务费金额没有异议，但是否认收到上述"催款通知单"。

以上事实，由原告提供的"杭州市前期物业管理服务协议""杭州工商行政管理局平江分局公司准予变更登记通知书"，庭审笔录及当事人的陈述予以证实。

问题：该纠纷应如何解决？

案例分析

法院判决：依据《物业管理条例》第七条第五项、第四十二条判决如下：

被告朱某于本判决生效之日起十日内支付原告林木物业管理有限公司物业服务费人民币9741.9元。

法院认为，原、被告双方签订的"杭州市前期物业管理服务协议"系双方当事人真实意思表示，且不违反法律规定，应属合法有效。被告作为业主在接受物业管理企业提供的物业服务后，应当承担缴纳物业管理费的义务。现被告对于原告主张的物业服务费13917元没有异议，但是认为原告在提供物业管理过程中未能制止其前面一幢别墅存在的群租现象，以及群租人员的不文明行为，故其不同意支付物业服务费。原告称其对租客的行为进行过劝导，亦同上述出租房的业主进行过交涉，但是由于上述内容已经超越了其物业管理的权限，被告无权以此来拒绝缴纳物业费。本院认为，小区其他业主将自有房屋群租出去，以及租客本身行为的不文明，虽然发生在原告曾负责管理的小区内，但是由于上述行为已经超越了原告作为物业管理方所应承担的职责范围，且被告未能提供证据证明原告在物业管理过程中存在违约的行为，故被告以此拒绝缴纳物业服务费，于法无据，其应当按照合同约定履行支付物业服务费的义务。现原告自愿按七折向被告主张物业服务费，本院尊其自愿，依法予以支持。

第一节 合同概述

合同是双方或多方当事人之间的协议。当受要约人以订立合同的意图接受要约时合同即成立。合同是当事人之间意思表示一致的结果。

一、合同的订立

合同的订立，必须经过要约和承诺两个阶段。

（一）合同的要约

要约（offer），在商品交易中又称为发盘、出盘、发价、出价等，是指一方当事人以缔结合同为目的，向对方当事人做出希望与其订立合同的意思表示。发出要约的一方称为要约人（offeror），接受要约的一方为受要约人（offeree acceptor），或被称为承诺人。简单地说，要约就是订立合同的意思表示，承诺就是对要约的接受。要约人在要约中提出合同的基本条件，并表明愿意以此条件订立合同。一旦受要约人同意，合同即成立，双方均应受合同的约束。如果受要约人认为要约中有些内容不能接受，并提出修改建议，称为反要约。一个合同的签订往往要经过要约、反要约的数个回合的谈判。合同成立以最后的要约与承诺生效为准。

作为合同成立的一个要素，要约的构成要件为以下几点。

（1）要约必须是特定人的意思表示，必须具有订立合同的意图。即表明一旦受要约人承诺，要约人即受该意思表示的约束，要约人就成为合同的一方当事人。

（2）要约必须包括合同的主要内容，并且内容必须具体确定。即要约的内容必须具有足以使合同成立的主要条款，且内容必须明确，使受要约人能理解要约人的真实意图。

（3）要约必须传达到受要约人才能生效。如果要约人虽有要约但未传达，或要约因信件遗失等原因而不能传达，则该要约不发生任何效力。

要约一旦做出，要约人需要承担法律责任。要约是订立合同的提议，应表明一旦对方同意，即受要约约束的意思表示，所以不是所有的订约提议都可以构成要约。

（二）合同的承诺

承诺（acceptance），在商品交易中又称为接受、收盘，是指受要约人按照要约规定的时间和方式，用语言或行为对要约表示完全接受以缔结合同的一种意思表示。要约一经承诺，合同即告成立。

承诺必须具备如下要件，才能产生法律效力。

（1）承诺必须由受要约人或其代理人做出。非受要约人或未获得授权的代理人不得做出承诺。

（2）承诺必须在要约的有效时间内做出。超过要约规定的期限或合理期限的承诺无效，只能视为新要约。

（3）承诺必须与要约的内容一致。一项有效的承诺，受要约人不能对要约内容做出实质性变更，否则为新要约，并导致原要约失去效力。

（4）承诺必须传达给要约人。如果受要约人内心愿意接受要约，却保持沉默，未对要约人公开表示，则不构成承诺。

二、合同的要件

合同要件即有效合同应当具备的必要条件包括以下几个方面。

（一）当事人的缔约能力

当事人缔约能力，即指合同当事人应当具备的合法资格。具体而言，订立合同的当事人应当具备相应的民事权利能力和民事行为能力，可以是自然人，也可以是法人或其他组织。作为法人和其他组织，这些主体在订立合同时，必须具有相应的法律资格。

（二）当事人的真实意思表示

当事人同意的真实，即合同应当是双方当事人意思表示的真实反映。合同的订立是基于"契约自由"的原则，而"契约自由"是建立在当事人真实意思表示基础上的。因此，如果合同内容不能反映当事人的真实意思，该合同必然属于无效合同。

（三）合同的内容合法

合同的内容不合法，会致使合同无效。因此，合同的内容必须符合法律、法规的规定，符合社会的公共利益。

（四）合同的形式合法

合同形式是合同当事人所达成协议的表现形式，是合同内容的载体。合同的形式必须遵守法律、法规的有关规定，否则将构成合同的无效。当事人订立合同，有书面形式、口头形式和其他形式。法律、行政法规规定采用书面形式的，应当采用书面形式。当事人约定采用书面形式的，应当采用书面形式。

订立的合同如果不符合上述四个合同要件之一，就不具备合同生效的基本条件。

三、合同签订应遵循的基本原则

合同受法律法规约束，其签订和履行应当遵循《民法典》合同编规定的以下五项基本原则。

（一）主体平等

合同当事人的法律地位平等，一方不得将自己的意志强加给另一方。任何民事主体在法律人格上也是一律平等的，享有独立的人格，不受他人的支配、干涉和控制。只有合同当事人的人格平等，才能实现合同当事人的法律地位平等。合同当事人平等是商品经济的必然前提和必然产物，也是社会主义市场经济对交易秩序和经济秩序的具体要求。

（二）合同自由

当事人依法享有自愿订立合同的权利，任何单位和个人不得非法干预。合同自愿原则，也就是合同自由原则，或称为契约自由原则。其含义包括缔结合同、选择缔约相对人、选择合同方式、决定合同内容、解释合同的自愿或自由。当然，实行合同自由原则，并不排除法律及国家对合同的适当干预和限制。

（三）权利义务公平对等

在经济活动中，合同的任何一方当事人既享有权利，也承担相应义务，权利义务相对等。公平原则规范合同当事人之间的利益关系，制约对合同自由原则的滥用，要求形式的公平(即合同主体的法律地位)和实质的公平。合同的实质公平，是指双方当事人的权利、义务必须大体对等。对于显失公平的合同，当事人一方有权要求法院或者仲裁机构予以撤销或变更。

（四）诚实信用

诚实信用原则，也称为诚信原则。诚实信用原则是《民法典》《合同法》的最基本原则。诚实信用原则，是指民事主体在从事包括合同行为在内的民事活动时，应该诚实守信，以善意的方式行使自己的权利和履行自己的义务，不得有任何欺诈行为。诚实信用原则适用弹性相当大，具有确定行为规则、平衡利益冲突、解释法律与合同三大基本功能。诚实信用原则体现了社会主义精神文明和道德规范的要求。

（五）守法和维护社会公益

当事人订立合同、履行合同，应当遵守法律法规，遵守社会公德，不得扰乱社会经济秩序，损害社会公共利益，这是人们社会公共生活的基本准则。维护社会公益原则，也就是公序良俗原则，包括社会公德、公共秩序和善良风俗。守法和维护社会公益原则，是合同法的最高要求。

第二节　前期物业服务合同

一、前期物业服务合同的概念

前期物业服务合同，是指物业建设单位与物业服务企业就前期物业管理阶段双方的权利义务所达成的协议，是物业服务企业被授权开展物业服务的依据。《物业管理条例》第二十一条规定："在业主、业主大会选聘物业管理企业之前，建设单位选聘物业管理企业的，应当签订书面的前期物业服务合同。"第二十五条规定："建设单位与物业买受人签订的买卖合同应当包含前期物业服务合同约定的内容。"前期物业服务合同的当事人不仅涉及建设单位与物业服务企业，也涉及业主。

在物业服务中，物业的销售及业主入住是持续的过程。这个阶段要求业主投票形成业主大会决定是不现实的，而这个阶段的物业服务又是必须的。因此，为了避免在业主大会选聘物业管理企业之前出现物业管理的真空，明确前期物业管理服务的责任主体，规范前期物业管理活动，《物业管理条例》明确地规定前期物业管理服务由建设单位选聘物业服务企业。

二、前期物业服务合同的主要内容

合同的内容就是合同的条款，是合同对当事人权利义务的具体规定。前期物业服务合同的内容就是通过合同条款反映建设单位与物业服务企业之间的权利义务关系，包含以下几个主要部分。

（一）合同的当事人

物业服务合同的当事人就是建设单位与物业服务企业，其中建设单位及物业服务企业一般都是法人组织。

（二）物业基本情况

物业基本情况包括物业名称、物业类型、坐落位置、建筑面积等方面的内容。

（三）服务内容与质量

服务内容主要包括：物业共用部位及共用设施设备的运行、维修、养护和管理；物业共用部位和相关场地环境管理；车辆停放管理；公共秩序维护、安全防范的协助管理；物业装饰装修管理服务；物业档案管理及双方约定的其他管理服务内容等。

前期物业管理服务应达到约定的质量标准。

（四）服务费用

服务费用包括：物业服务费用的收取标准、收费约定的方式(包干制或酬金制)；物业服务费用开支项目；物业服务费用的缴纳；酬金制条件下，酬金计提方式、服务资金收支情况的公布及其争议的处理等。

（五）物业的经营与管理

物业的经营与管理包括：停车场和会所的收费标准、管理方式、收入分配办法；物业其他共用部位共用设施设备的经营与管理。

（六）承接查验和使用维护

承接查验和使用维护的主要内容包括，执行过程中双方责任义务的约定。

（七）专项维修资金

专项维修资金的主要内容包括维修资金的缴存、使用、续筹和管理等。

（八）违约责任

主要包括违约责任的约定和处理、免责条款的约定等。

（九）其他事项

其他事项主要包括合同履行期限、合同生效条件、合同争议处理、物业管理用房、物业管理相关资料归属以及双方认为需要约定的其他事项等。

三、签订前期物业服务合同应注意的事项

（一）物业的承接验收

物业共用部位、共用设施设备的承接验收是前期物业服务活动的重要环节，前期物业服务合同应当对物业共用部位、共用设施设备的承接验收内容、标准、责任等做出明确的约定。而对业主自有物业专有部分的承接验收则属于业主与发展商之间的问题，无须在合同中约定。

（二）物业服务的费用

前期物业服务合同涉及的费用种类多，情况复杂，支付主体及责任容易混淆，易造成矛盾，必须在合同中予以列明。例如，应当由建设单位支付的费用不能转嫁给业主；对于由业主支付的费用部分，则应当注意是否符合国家法律法规的要求，并应当在物业销售前予以明示或约定。

（三）前期物业服务合同的解除或终止

前期物业服务合同的履行受业主入住状况及房屋工程质量等各种因素的影响，合同的期限具有不确定性，当此类因素致使前期物业服务合同无法全面履行时，物业管理企业可以通过提前解除合同或要求补偿的方式规避风险。因此，有必要在前期物业服务合同中对解除合同的条件作出明确约定。

第三节　物业服务合同

2020年5月28日第十三届全国人民代表大会第三次会议通过的《民法典》规定了十九种典型合同，物业服务合同是其中之一。从此，物业服务合同告别无名，正式"转正"为有名合同。

《民法典》第二十四章共设十四条对物业服务合同的定义、合同的形式和内容、合同效力、合同续订、解除和终止及合同主体的权利和义务等内容做出了详细规定。

一、物业服务合同定义

《民法典》第九百三十七条规定："物业服务合同是物业服务人在物业服务区域内，为业主提供建筑物及其附属设施的维修养护、环境卫生和相关秩序的管理维护等物业服务，业主支付物业费的合同。物业服务人包括物业服务企业和其他管理人。"

二、物业服务合同与前期物业服务合同的主要区别

物业服务合同中关于服务内容的条款与前期物业服务合同基本相同，主要差别在于以下几点。

（1）订立合同的当事人不同。前期物业服务合同的当事人是物业开发建设单位与物业管理企业；物业服务合同的当事人是业主(或业主大会)与物业管理企业。

（2）合同期限不同。前期物业服务合同的期限虽然可以约定，但是期限未满、业主委员会与物业管理企业签订的物业服务合同又开始生效的，前期物业服务合同将会终止。物业服务合同期限则由订立合同双方约定，与前期物业服务合同相比，具有期限明确、稳定性强等特点。

三、物业服务合同的内容和形式

（一）物业服务合同的内容

物业服务合同的内容一般包括服务事项、服务质量、服务费用的标准和收取办法、维修资金的使用、服务用房的管理和使用、服务期限、服务交接等条款。物业服务人公开做出的有利于业主的服务承诺，为物业服务合同的组成部分。

（1）双方当事人的姓名或名称和住所。

（2）物业服务项目基本情况：即提供物业服务的项目名称、位置、面积、住户数量、四至界限等。

（3）物业服务事项：包括房屋的使用、维修、养护等情况，消防、电梯、机电设备等使用情况；清洁卫生、垃圾处理、园林绿化、秩序维护等，车辆行驶、停车管理、社区活动等。

（4）物业服务质量：对物业服务质量的标准和要求做出约定。

（5）物业服务费用：是指物业服务企业按照物业服务合同的约定，对房屋及配套设施设备、相关场地进行维修、养护、管理，维护相关区域内的环境卫生和秩序，向业主收取的费用。《物业服务收费管理办法》规定："物业服务收费应当遵循合理、公开以及费用与物业服务水平相适应的原则。"

（6）双方的权利义务。

（7）专项维修资金的管理与使用。

（8）合同期限，即合同的起止日期。

（9）违约责任。

（10）其他事项。

（二）物业服务合同的形式

《民法典》中规定，"当事人订立合同，可以采用书面形式、口头形式或者其他形式。

"书面形式是合同书、信件、电报、电传、传真等可以有形地表现所载内容的形式。

"以电子数据交换、电子邮件等方式能够有形地表现所载内容，并可以随时调取查用的数据电文，视为书面形式。"

《物业管理条例》规定业主委员会应当与业主大会选聘的物业服务企业订立书面的物业服务合同。

物业服务合同应当对物业管理事项、服务质量、服务费用、双方的权利义务、专项维修资金的管理与使用、物业管理用房、合同期限、违约责任等内容进行约定。

四、物业服务合同的效力

（1）建设单位依法与物业服务人订立的前期物业服务合同，以及业主委员会与业主大会依法选聘的物业服务人订立的物业服务合同，对业主具有法律约束力。

（2）建设单位依法与物业服务人订立的前期物业服务合同约定的服务期限届满前，业主委员会或者业主与新物业服务人订立的物业服务合同生效的，前期物业服务合同终止。

（3）物业服务期限届满后，业主没有依法作出续聘或者另聘物业服务人的决定，物业服务人继续提供物业服务的，原物业服务合同继续有效，但是服务期限为不定期。

当事人可以随时解除不定期物业服务合同，但是应当提前六十日书面通知对方。

五、物业服务合同的解除

业主依照法定程序共同决定解聘物业服务人的，可以解除物业服务合同。决定解聘的，应当提前六十日书面通知物业服务人，但是合同对通知期限另有约定的除外。

依据前款规定解除合同造成物业服务人损失的，除不可归责于业主的事由，业主应当赔偿损失。

物业服务期限届满前，业主依法共同决定续聘的，应当与原物业服务人在合同期限届满前续订物业服务合同。物业服务期限届满前，物业服务人不同意续聘的，应当在合同期限届满前九十日书面通知业主或者业主委员会，但是合同对通知期限另有约定的除外。

本章小结

1. 合同是双方或多方当事人之间的协议。当受要约人以订立合同的意图接受要约时合同即成立。合同是当事人之间意思表示一致的结果。合同的订立，必须经过要约和承诺两个阶段。

2. 合同签订应遵循主体平等、合同自由、权利义务公平对等、诚实信用、守法和维护社会公益等基本原则。

3. 物业服务合同与前期物业服务合同的主要区别在于订立合同的当事人不同和合同期限不同。

4. 建设单位依法与物业服务人订立的前期物业服务合同约定的服务期限届满前，业主委员会或者业主与新物业服务人订立的物业服务合同生效的，前期物业服务合同终止。

复习思考题

1. 什么是合同？合同订立的原则有哪些？
2. 物业服务合同与前期物业服务合同有哪些主要区别？
3. 物业服务合同在什么条件下可以解除？

案例分析题

1. 2013年9月25日，被告杨某某购买了吉林中盛置业有限责任公司开发的住宅，同年入住。2013年9月、2015年9月吉林中盛置业有限责任公司与原告中盛物业签订了《前期物业服务合同》，由中盛物业为该小区进行物业服务。杨某某2015年度、2016年1~3月的物业费用2139.05元未缴纳，中盛物业向杨某某主张物业费用2139元。法院经审理认为，物业服务合同应当对物业管理事项、服务质量、服务费用、双方的权利义务、专项维修资金的管理与使用、物业管理用房、合同期限、违约责任等内容进行约定。本案中，"前期物业合同"对服务费用和违约责任做出了约定，杨某某作为业主未支付物业费用，应当承担违约责任。

问题：杨某某应当承担违约责任吗？请用所学法律知识解读该案例。

2. 兴义市瑞驰物业管理有限公司系三和新城小区开发企业即兴义市三和房地产开发有限责任公司选聘的前期物业服务企业。兴义市三和新城业主委员会于2015年9月成立并登记备案。2017年5月20日，贵州福顺居物业管理有限公司与兴义市三和新城业主委员会签订"小区物业管理委托合同"，约定"本合同自签字之日起生效"。原告兴义市三和新城业主委员会起诉请求依法确认被告与第三人兴义市三和房地产开发有限责任公司"三和新城物业服务合同"已于2017年5月20日终止。法院经审理认为，前期物业服务合同可以约定期限；但是，期限未满，业主委员会与物业服务企业签订的物业服务合同生效的，前期物业服务合同终止。现贵州福顺居物业管理有限公司与兴义市三和新城业主委员会签订的"小区物业管理委托合同"已于2017年5月20日生效，故兴义市三和房地产开发有限责任公司与兴义市瑞驰物业管理有限公司签订的前期物业合同即"三和新城物业服务合同"于2017年5月20日终止。

问题：法院的判决合理吗？请说明理由。

即测即练

自学自测　扫描此码

第八章

前期物业管理的法律规定

教学目的

通过本章的学习，使学生了解物业项目早期介入的相关法规和方式方法、招投标管理相关法规和招标内容、物业承接查验相关法规和查验内容，以及入住与装修管理相关法规内容。

教学重点

物业项目早期介入、招投标管理、物业承接查验，以及入住与装修管理的相关法规内容。

教学难点

物业项目早期介入、招投标管理、物业承接查验及入住与装修管理案例分析。

案例导入

案例简介

居住在张先生楼上的业主前年重新装修房屋，由于改变房屋建筑结构，又忽视防水层质量，导致张先生家的房顶出现零星渗水。张先生多次向物业服务公司相关工作人员反映，要求其对施工进行监督管理，以免对下层房屋造成更大的损失。物业服务公司管理人员对此采取极不负责的态度，不采取相关措施，使得房顶由渗水发展为漏水，导致房屋墙壁变黑脱落、木地板腐烂变形，损失严重。正是物业服务公司管理不善，导致原告房屋严重受损，并大幅贬值。房地产中介公司评估，张先生的房屋因为上层漏水而至少损失人民币 80000 元。基于物业服务公司违反相关物业管理规定，未能履行物业管理服务合同的约定，管理、维修、氧化不善，造成业主损失，依法应当赔偿损失。

问题： 物业服务公司是否应该赔偿张先生家的损失？说明理由。

案例分析

张先生基于物业服务公司在履行物业管理服务的过程中存在不当致使原告房屋遭受

损失而向法院提起诉讼,属于因物业管理服务合同而引起的合同纠纷,而非房屋侵权纠纷。

未有证据证明物业服务公司在履行物业管理服务合同过程中存在违约而引致张先生房屋受损,物业服务公司对业主室内装修的质量问题不承担法律责任。室内装修是业主自主进行的,作为物业服务公司,其义务就是告知业主在装修过程中不得有改变房屋结构等禁止行为,并对禁止的行为予以制止。

根据《物业管理条例》的规定,物业服务公司作为物业管理单位,管理的范围是大厦和小区的公共区域和共用设施设备,不包含业主私人所有的设施。

作为物业公司只有协调第三人进行维修的义务,不承担直接维修的义务。

第一节 物业管理早期介入

我国《物业管理条例》第二条规定:"本条例所称物业管理,是指业主通过选聘物业服务企业,由业主和物业服务企业按照物业服务合同约定,对房屋及配套的设施设备和相关场地进行维修、养护、管理、维护物业管理区域内的环境卫生和秩序的活动。"

一、物业服务项目早期介入的含义

项目早期介入是指新建物业竣工之前,建设单位在项目的立项阶段、规划设计、施工建设、营销策划、竣工验收阶段所引入的物业服务咨询活动,物业服务企业从业主使用和物业服务的角度对物业的环境布局、功能规划、楼宇设计、材料选用、设备选型、配套设施、管线布置、施工质量、竣工验收等方面提出的合理化意见和建议,以便建成的物业更好地满足业主和物业使用人的需求,方便物业服务工作的开展。

项目早期介入对建设单位而言并非强制性要求,而是根据项目管理的需要进行选择,可以由物业服务企业提供,也可以由专业咨询机构提供;项目早期介入是建设单位在项目开发各阶段引入的物业服务专业技术支持,在项目的开发建设中起着积极的作用;项目早期介入服务的对象是建设单位,由建设单位与物业服务企业或咨询机构签订协议并支付项目早期介入服务费用。

二、物业服务项目早期介入的方式

建设单位委托物业服务企业或专业咨询机构,由被委托单位安排专业的工作人员通常运用以下方式实施项目的早期介入。

(一)市场调研

市场调研是物业服务企业或专业咨询机构,通过对项目及周边情况进行调研,了解项目的交通、教育、医疗等相关配套情况和不利因素,综合分析、评估对项目产生各种影响,并将结果向建设单位进行汇报说明,以助于建设单位进行项目决策。

(二)图纸会审

图纸会审是指物业服务企业或专业人员会同建设单位、设计单位、施工单位、监理单位等，对图纸进行分析、论证，并提出相关建议。

（三）对标管理

对标管理是指物业服务企业或咨询机构通过对同类型物业的客户群、服务标准等调查比较的方法，以便对新建物业的物业服务定位、物业服务模式等向建设单位提供建议。

（四）过程监控

过程监控是指在项目早期介入的不同阶段，物业服务企业或咨询机构通过现场勘察、评估、发现新建物业建设过程中出现的各种问题，并向建设单位提交改善建议。

物业服务企业或咨询机构通过定期参加由建设单位组织的项目沟通会，以发函的方式提交建议书等沟通方式，了解项目的建设进展情况，并就早期介入的相关问题交换意见。

第二节 物业管理招标投标

随着物业管理市场化的日趋成熟，物业项目管理权的获取方式从早期以定向谈判议价为主的方式日益向以正规的招标投标方式为主转变。《物业管理条例》第二十四条规定"国家提倡建设单位按照房地产开发与物业管理相分离的原则，通过招投标的方式选聘物业服务企业"，前期物业管理招投标制度的确立对推进我国物业管理项目管理权获取方式的规范化、市场化进程发挥了重要作用。

一、物业项目管理权获取方式

物业项目管理权的获取方式有三种：招投标方式、直接委托方式和其他合法方式。

（一）招投标方式

1. 公开招标

公开招标是指招标人通过公共媒介发布招标公告，邀请所有符合投标条件的物业服务企业参加投标的招标方式。

招标人采取公开招标方式的，首先应依法发布招标公告。招标公告必须载明招标人的名称和地址，招标项目的基本情况和获取招标文件的办法等具体事项。招标文件应当明确开标日期、时间和地点。凡愿意参加投标的单位，可以按指明的方式领取或购买有关资料，接受按规定程序进行的评选，有的招标还设定预选和入围程序等。

公开招标的主要特点是招标人以公开的方式邀请不确定的法人组织参与投标，招标程序和中标结果公开，评选条件及程序是预先设定的，且不允许在程序启动后单方面变更。

2. 邀请招标

邀请招标，也称作有限竞争性招标或选择性招标，是指招标人预先选择若干家有能力的企业，直接向其发出投标邀请的招标方式。

采取邀请招标方式的，投标邀请和招标文件上应明确招标人的名称和地址，招标项目的基本情况和获取招标文件的办法，以及开标日期、时间和地点等具体事项。邀请招标的实施程序对每一个预定的投标人都是公开的，因此具备一定的公开性。

邀请招标的主要特点是招标不使用公开的公告方式，投标人是特定的，即接受邀请的企业才是合格的投标人，投标人的数量有限。

（二）直接委托方式

《物业管理条例》第二十四条规定：住宅物业的建设单位，应当通过招投标的方式选聘物业服务企业，也就是说其他类型的物业，可以选择适合自身物业功能特点的方式。如单一业主的写字楼、商业综合体等，通常会采用直接委托的方式，选择适合自身项目服务需求的物业服务企业。

（三）其他合法方式

除了招投标和直接委托方式，还有一些合法的项目管理权获取方式，如协议选聘等。《物业管理条例》第二十四条规定："国家提倡建设单位按照房地产开发与物业管理相分离的原则，通过招投标的方式选聘物业服务企业。住宅物业的建设单位，应当通过招投标的方式选聘物业服务企业；投标人少于3个或者住宅规模较小的，经物业所在地的区、县人民政府房地产行政主管部门批准，可以采用协议方式选聘合适的物业服务企业。"

二、物业项目的招投标

物业服务项目的招投标，是物业管理服务产品预购的一种交易方式，即由物业的建设单位、业主大会或物业所有权人（以下简称招标人）根据物业管理服务内容，制定符合其管理服务要求和标准的招标文件，由多家物业服务企业或专业管理公司参与竞投，从中选择最符合条件的竞投者，并与之订立物业服务合同的一种交易行为。

（一）物业服务项目招标投标的基本要求

（1）参与招标投标的双方应根据相关法律、法规的规定组织物业管理的招标投标活动，即对招标投标方的资格认定以及招标投标的具体实施程序等，都必须符合相关法律法规的要求，并接受有关部门的监督与管理。物业管理招标投标的法律法规依据主要有《中华人民共和国招标投标法》《物业管理条例》《前期物业管理招标投标管理暂行办法》及各地方的相关法规政策规定。

（2）在物业管理招标投标过程中，无论是招标方还是投标方都应该充分考虑市场要素。招标方应在充分了解和掌握物业管理市场信息的基础上确定招标方式和招标内容，选择投标企业的范围，决定中标结果，确保招标的顺利实施；投标方应在充分把握招标投标活动的信息与动态变化的前提下，对投标项目的可行性和项目外部环境和条件等方面进行综合评估，策划组织投标活动，确保投标的成功。

（3）招标方应根据项目的实际情况和业主（或物业使用人）的需求，选择最适合项目运作和业主（或物业使用人）需求的物业服务企业及服务；对投标方而言，不仅要依据项目的实际情况和业主（或物业使用人）的需求制定符合项目要求的物业管理模式和运作方案，还应充分考虑项目运作实施过程中潜在的风险，在投标策略方面也应该结合项目特点与企业自身的条件组织投标活动。

（4）按照国际惯例和相关法律法规的要求，应明确招标投标的相关程序和时间安排，确保招标投标活动顺利实施。例如，组成评标委员会的专家必须从政府专家库中抽取；招标人在发布招标公告或投标邀请书的10日前必须提交与招标项目和招标活动有关的资料，向项目所在地的县级以上地方人民政府房地产行政主管部门备案等。

（二）物业项目招标的程序

1. 成立招标领导小组

招标人在政府房地产行政主管部门指导、监督下，成立招标领导小组，确定招标方式、内容、招标条件和投标企业的范围，并对招标过程中可能出现的问题和不确定的风险进行预测，制定相应的防范控制体系；编制招标文件；发布招标公告或投标邀请书；对投标人进行资格审查；向投标人发放招标文件和提供相关技术资料；组织投标人现场踏勘和答疑；制定标底和评标方法；发布中标结果等。

2. 编制招标文件

招标人应当根据物业管理项目的特点和需要，在招标前完成招标文件的编制。

招标文件应包括以下内容。

（1）招标人及招标项目简介，包括招标人名称、地址、联系方式、项目基本情况、物业管理用房的配备情况等。

（2）物业管理服务内容及要求，包括服务内容、服务标准等。

（3）对投标人及投标书的要求，包括投标人的资格、投标书的格式、主要内容等。

（4）评标标准和评标办法。

（5）招标活动方案，包括招标组织结构、开标时间及地点等。

（6）物业服务合同的签订说明。

（7）其他事项的说明及法律法规规定的其他内容。

招标人应当在发布招标公告或者发出投标邀请书的10日前，提交与物业管理有关的物业项目开发建设的政府批件、招标公告或者招标邀请书、招标文件和法律、法规规定的其他材料报物业项目所在地的县级以上地方人民政府房地产行政主管部门备案。

3. 公布招标公告或者发出投标邀请书

招标人采取公开招标方式的，应通过公共媒介发布招标公告。招标公告应当载明招标人的名称和地址，招标项目的基本情况以及获取招标文件的办法等事项。

招标人采取邀请招标方式的，应当向三个以上物业服务企业发出投标邀请书，投标邀请书应当包含上述招标公告载明的事项。

4. 发放招标文件

招标文件的发放应当按照招标公告或投标邀请函规定的时间、地点向投标方提供，也可以通过网络下载的方式进行。除不可抗力的因素，招标人或招标代理机构在发布招标公告和发出投标邀请函后不得终止招标。

在进行规模较大、比较复杂的物业项目招标时，通常由招标人或招标机构在投标人获得招标文件后，统一安排投标人会议，即标前会议。标前会议一般安排在投标物业现场，在投标人进行现场踏勘后召开，标前会议的目的在于解答投标人提出的各类问题。

招标人应当确定投标人编制投标文件所需要的合理时间。公开招标的物业管理项目，自招标文件发出之日起至投标人提交投标文件截止之日止，最短不得少于20日。招标人对已发出的招标文件进行必要的澄清或者修改的，应当在招标文件要求提交投标文件截止时间至少15日前，以书面形式通知所有的招标文件收受人。该澄清或者修改的内容为招标文件的组成部分。

5. 投标申请人的资格预审

实行投标资格预审的物业管理项目，招标人应当在招标公告或者投标邀请书中载明资格预审的条件和获取资格预审文件的办法。资格预审文件一般应当包括资格预审申请书格式、申请人须知，以及需要投标申请人提供的企业资质文件、业绩、技术装备、财务状况和拟任项目负责人与主要管理人员的简历、业绩等证明材料。

经资格预审后，公开招标的招标人应当向资格预审合格的投标申请人发出资格预审合格通知书，告知获取招标文件的时间、地点和方法，同时向不符合资格的投标申请人告知资格预审结果。在资格预审合格的投标申请人过多时，可以由招标人从中选择不少于五家资格预审合格的投标申请人。

6. 接受投标文件

投标人应按照招标文件规定的时间和地点接受投标文件。投标人送达投标文件的，招标人应检验文件是否密封或送达时间是否符合要求，给符合者发出回执，对于不符合者招标人有权拒绝或作废标处理。投标书递交后，在投标截止期限前，投标人可以通过正式函件的形式调整报价及作补充说明。

招标人不得向他人透露已获取招标文件的潜在投标人的名称、数量，以及可能影响公平竞争的有关招标投标的其他情况。

7. 成立评标委员会

招标人或招标代理负责组建评标委员会，评标委员会由招标人的代表与物业管理专家组成，专家从房地产行政主管部门建立的物业管理评标专家库中采取随机抽取的方式确定。评标委员会的人数一般为五人以上单数，其中招标人代表以外的物业管理方面的专家人数不得少于成员总数的三分之二。评标委员会成员的名单在开标前应严格保密。与投标人有利害关系的人员不得作为评标委员会的成员。

评标委员会成员应当客观、公正地履行职责，遵守职业道德，对所提出的评审意见承担个人责任。评标委员会成员不得与任何投标人或者与招标结果有利害关系的人进行私下接触，不得收受投标人、中介人、其他利害关系人的财物或者其他好处。

8. 开标、评标和中标

1）开标

开标应当在招标文件确定的提交投标文件截止时间的同一时间公开进行；开标地点应当为招标文件中预先确定的地点。开标由招标人主持，邀请所有投标人参加。开标应当按照下列规定进行：由投标人或者其推选的代表检查投标文件的密封情况，也可以由招标人委托的公证机构进行检查并公证。经确认无误后,由工作人员当众拆封,宣读投标人名称、投标价格和投标文件的其他主要内容。招标人在招标文件要求提交投标文件的截止时间前收到的所有投标文件,开标时都应当当众予以拆封。开标过程应当记录,并由招标人存档备查。

2)评标

开标过程结束后应立即进入评标程序,评标由评标委员会负责,评标应当在严格保密的情况下进行。评标委员会负责根据招标文件规定的要求和评分方式、标准进行评标,评标采取集中会议的方式对所有的投标文件进行严格的审查和比较,评标一般采用综合评议和百分制量化的评分方法。

评标委员会可以用书面形式要求投标人对投标文件中含义不明确的内容作必要的澄清或者说明。投标人应当采用书面形式进行澄清或者说明,其澄清或者说明不得超出投标文件的范围或者改变投标文件的实质性内容。在评标过程中召开现场答辩会的,应当事先在招标文件中说明,并注明所占的评分比重。评标委员会应当按照评标文件的评标要求,根据标书评分、现场答辩等情况进行综合评标。评标委员会应当按照招标文件确定的评标标准和方法,对投标文件进行评审和比较,并对评标结果签字确认。评标委员会经评审,认为所有投标文件都不符合招标文件要求的,可以否决所有投标。依法必须进行招标的物业管理项目的所有投标被否决的,招标人应当重新招标。评标委员会完成评标后,应当向招标人提出书面评标报告,阐明评标委员会对各投标文件的评审和比较意见,并按照招标文件规定的评标标准和评标方法,推荐不超过三名有排序的合格的中标候选人。招标人应当按照中标候选人的排序确定中标人。当确定中标的中标候选人放弃中标或者因不可抗力提出不能履行合同的,招标人可以依序确定其他中标候选人为中标人。

3)中标

招标人应当在投标有效期截止时限 30 日前确定中标人。投标有效期应当在招标文件中载明。招标人应当向中标人发出中标通知书,同时将中标结果通知所有未中标的投标人,并返还其投标书。招标人应当自确定中标人之日起 15 日内,向物业项目所在地的县级以上地方人民政府房地产行政主管部门备案。备案资料应当包括开标评标过程、确定中标人的方式及理由、评标委员会的评标报告、中标人的投标文件等资料。委托代理招标的,还应当附招标代理委托合同。

第三节　物业项目的承接查验

物业承接查验是指承接新建物业前,物业服务企业和建设单位按照国家有关规定和前期物业服务合同的约定,共同对物业共用部位、共用设施设备进行检查和验收的活动。物业承接查验分为新建物业的承接查验和物业管理机构更迭时的承接查验两种类型,前者发生在建设单位向物业服务企业移交物业的过程中,后者发生在业主大会或产权单位向新的物业服务企业移交物业的过程中。物业的承接查验是物业服务企业承接物业前必不可少的环节,直接关系到物业管理工作今后能否正常进行,以及使用和管理过程中出现质量问题时责任的确定。

一、新建物业承接查验

在物业竣工验收合格后,物业服务企业于业主入住之前,对物业进行承接查验。承接查验与竣工验收的主体、目的、性质等不尽相同,但是它们的中心环节都是质量验收。为了将物业在验收过程中出现的问题降到最低程度,物业服务企业应该参与竣工验收,为承接查验工作打下基础。

(一)物业承接查验与工程竣工验收的区别

物业承接查验是物业服务企业在承接物业时,对物业共用部位、共用设施设备的配置标准、外观质量和使用功能的再检验。而竣工验收是指建设工程项目竣工后,开发建设单位会同设计、施工、设备供应单位及工程质量监督部门,对该项目是否符合规划设计要求及建筑施工和设备安装质量进行全面检验,取得竣工合格资料、数据和凭证。具体而言,物业承接查验与竣工验收有以下三点不同。

1. 目的不同

工程竣工验收的目的是确认物业项目工程质量是否合格,能否交付使用,取得进入物业产品市场的资格。物业承接查验目的主要在于分清各方责任,维护各方利益,减少矛盾和纠纷,以利于业主使用和物业管理顺利进行。

2. 参与主体不同

工程竣工验收是建设单位将建设的物业项目交由政府行政主管部门或行业管理单位进行竣工验收并备案。物业承接查验是前期物业服务合同双方当事人在业主参与并接受行业主管部门监督下进行的。

3. 对象不同

工程竣工验收是对项目是否符合规划设计要求及建筑施工和设备安装质量进行全面检验。物业承接查验是对物业共用部位、共用设施设备的接管查验。

(二)物业承接查验的依据和原则

1. 物业承接查验的依据

物业承接查验的依据分为法律依据和合同依据,其中物业承接查验的法律依据主要是《民法典》和《物业管理条例》等法律法规。承接查验的内容与标准主要依据《物业承接查验办法》,以及各省、自治区、直辖市人民政府城乡建设主管部门依据《物业承接查验办法》制定的实施细则。

物业承接查验的合同依据,根据物业的不同情况有所区别,主要原则是不应超出物业服务合同规定的范围与内容。对新建物业的承接查验,其交接双方是物业服务企业和开发建设单位,承接查验以前期物业服务合同为依据;前期物业服务合同终止后,业主委员会与业主大会新选聘的物业服务企业所进行的物业承接查验活动,以物业服务合同为依据。

实施物业承接查验,主要依据下列文件:

(1)《物业管理条例》。

(2)《物业承接查验办法》。

(3)物业买卖合同。

(4)临时管理规约。

(5)前期物业服务合同。

(6)物业规划设计方案。

(7)建设单位移交的图纸资料。

(8)建设工程质量法规、政策、标准和规范。

2. 物业承接查验的原则

物业承接查验应当遵循诚实信用、客观公正、权责分明及保护业主共有财产的原则。

3. 物业承接查验涉及的法律主体主要包括建设单位、物业服务企业、业主大会和业主委员会

(1)新建物业共用部位、共用设施设备承接查验的主体。

交验方:物业的建设单位。

接管方:物业服务企业。

(2)新建物业购买人的专有部分物业承接查验的主体。

交验方:物业的建设单位。

接管方:物业专有部分的购买人。

(三)新建物业承接查验应当具备以下条件

(1)建设工程竣工验收合格,取得规划、消防、环保等主管部门出具的认可或者准许使用文件,并经建设行政主管部门备案。

(2)供水、排水、供电、供气、供热、通信、公共照明、有线电视等市政公用设施设备按规划设计要求建成,供水、供电、供气、供热已安装独立计量表具。

(3)教育、邮政、医疗卫生、文化体育、环卫、社区服务等公共服务设施已按规划设计要求建成。

(4)道路、绿地和物业服务用房等公共配套设施按规划设计要求建成,并满足使用功能要求。

(5)电梯、二次供水、高压供电、消防设施、压力容器、电子监控系统等共用设施设备取得使用合格证书。

(6)物业使用、维护和管理的相关技术资料完整齐全。

(7)法律、法规规定的其他条件。

(四)物业承接查验遗留问题的解决与物业保修责任

(1)物业承接查验存在的问题由建设单位负责解决,否则应承担相应的法律责任。

物业交接后,建设单位未能按照物业承接查验协议的约定,及时解决物业共用部位、

共用设施设备存在的问题,导致业主人身、财产安全受到损害的,应当依法承担相应的法律责任。

物业交接后,发现隐蔽工程质量问题,影响房屋结构安全和正常使用的,建设单位应当负责修复;给业主造成经济损失的,建设单位应当依法承担赔偿责任。

(2)物业交付物业服务企业管理后,物业服务企业应当按前期物业服务合同的约定和有关法规的规定履行维修、养护和管理的义务,否则亦要承担相应的责任。

自物业完成交接之日起,物业服务企业应当全面履行前期物业服务合同约定的、法律法规规定的及行业规范确定的维修、养护和管理义务,承担因管理服务不当致使物业共用部位、共用设施设备毁坏或灭失的责任。

物业服务企业应当将承接查验有关的文件、资料和记录建立档案并妥善保管。物业承接查验档案资料属于全体业主所有。前期物业服务合同终止时,业主大会选聘了新的物业服务企业的,原物业服务企业应当在前期物业服务合同终止之日起10日内,向业主、业主委员会移交物业承接查验档案。

(3)建设单位应当按照国家有关规定,认真履行物业的保修责任,否则应承担相应的法律责任。

建设单位应当按照国家规定,承担物业共用部位、共用设施设备的保修责任。建设单位可以委托物业服务企业提供物业共用部位、共用设施设备的保修服务,服务内容和费用由双方约定。

(五)物业承接查验中其他法律责任

1. 当事人双方均应承担不履行协议的违约责任

物业承接查验协议生效后,当事人一方不履行协议约定的交接义务,导致前期物业服务合同无法履行的,应当承担违约责任。

建设单位与物业服务企业恶意串通、弄虚作假,在物业承接查验活动中共同侵害业主利益的,双方应当共同承担赔偿责任。建设单位、物业服务企业未按《物业承接查验办法》规定履行承接查验义务的,由物业所在地房地产行政主管部门责令限期改正;逾期仍不改正的,作为不良经营行为记入企业信用档案,并予以通报。

2. 建设单位应承担的物业承接查验的违约责任

建设单位不得凭借关联关系滥用股东权利,在物业承接查验中免除自身责任,加重物业服务企业负担,损害物业买受人权益。

建设单位不得以物业交付期限届满为由,要求物业服务企业承接不符合交用条件或者未经查验的物业。

建设单位不移交有关承接查验资料的,由物业所在地房地产行政主管部门责令限期改正;逾期仍不移交的,对建设单位予以通报,并按照《物业管理条例》第五十九条的规定处罚。

3. 物业服务企业应承担的物业承接查验的违规责任

物业服务企业擅自承接未经查验的物业,因物业共用部位、共用设施设备缺陷给业主造成损害的,物业服务企业应当承担相应的赔偿责任。

4. 业主在物业承接查验中具有知情权、监督权

物业承接查验活动,业主享有知情权和监督权。

5. 房地产行政主管部门的监管责任

物业所在地房地产行政主管部门应当对物业的承接查验进行有效监管,并及时处理业主对建设单位和物业服务企业承担查验行为的投诉。

(六) 争议的解决

物业承接查验中发生的争议,可以申请物业所在地房地产行政主管部门调解,也可以委托有关行业协会调解。

(七) 新建物业承接查验注意的问题

承接查验是物业服务企业接管物业的重要环节,物业服务企业通过承接查验,即由对物业的前期管理转入到对物业的实体管理之中。因此,物业服务企业对所移交的物业一定要把好验收关,否则因为把关不严而造成的后遗症和改造、增设工程会给今后的物业管理服务带来许多不必要的麻烦。

为确保今后物业管理工作能顺利开展,物业服务企业在承接查验时应注意以下几个方面。

1. 人员选配要严格

物业服务企业应选派素质好、业务精、对工作认真负责的管理人员及技术人员参加验收工作。

2. 验收立场要明确

物业服务企业既应从今后物业维护保养管理的角度进行验收,也应站在业主的立场上,对物业进行严格的验收,以维护业主的合法权益。

3. 遗留问题要备案

(1) 对在前期介入阶段提出的完善项目和整改意见进行复核,对尚未完善的事项,要求建设单位提出的补救和解决措施并备案(包括物业管理用房、开办费用、对外承诺的小区配套设施等敏感问题)。

(2) 承接查验中若发现问题,应明确记录在案,约定期限督促移交人对存在的问题加固补强、整修,直至完全合格。

4. 保修事宜要落实

落实物业的保修事宜。根据建筑工程保修的有关规定,由建设单位负责保修的,应向物业服务企业交付保修保证金,或由物业服务企业负责保修,建设单位一次性拨付保修费用。

5. 特殊信息要收集

(1) 新建物业建设单位应将项目所有土建工程、装饰工程、市政工程、设备安装工程和绿化工程等主体及配套工程的施工(承包)单位名称、工程项目、工程负责人员联系电话、保修期限等内容列出清单交给物业服务企业。

（2）将建设单位施工未用完的小区建材包括各种瓷片、玻璃窗及配件等留下来备用可减少以后维修费用。

（3）凡项目采用非市面上常见的建材、设备和设施的应让建设单位或施工单位提供供货和维修保养单位的地址、电话和联系人。

6. 管理配套要关注

验收时注意和物业管理服务密切相关的设施和管线有无按要求做好，包括岗亭、道闸、围栏防攀防钻设施、清洁绿化取水用的水管接口、倒水池、垃圾收集房（含清洁工具房）、小区标识系统、车棚、停车位是否足够，小区摆摊、开展社区活动、室外加工用电的预留电源插座等设施做好与否。

7. 产权界定要证明

小区公共设备、设施、辅助场所、停车位、会所等产权须界定并出具相关证明，避免以后引起业主投诉纠纷。

8. 管理权限要清楚

物业服务企业接受的只是对物业的经营管理权以及政府赋予的有关权利。

9. 查验手续要齐全

承接查验符合要求后，物业服务企业应与建设单位签署签订物业承接查验协议。

10. 拒接未经查验的物业

物业服务企业擅自承接未经查验的物业，因物业共用部位、共用设施设备缺陷给业主造成损害的，物业服务企业应当承担相应的赔偿责任。因此，物业服务企业要拒绝接管未经查验的物业，避免带来损失。

二、物业管理机构更迭时的承接查验

（一）承接查验的法律主体

1. 原有的物业服务企业向业主或业主委员会移交时的双方法律主体

交验方：原有的物业服务企业。

接管方：物业的业主或业主委员会。

2. 业主或业主委员会向新的物业服务企业移交时的双方法律主体

交验方：业主或业主委员会。

接管方：新选聘的物业服务企业。

（二）承接查验的条件

在物业管理机构发生更迭时，新的物业服务企业必须在下列条件均满足的情况下才能实施承接查验。

（1）物业的业主或业主委员会（产权单位）与原有的物业服务企业解除了前期物业服务合同；

（2）物业的业主或业主委员会（产权单位）同新选聘的物业服务企业签订的物业服

务合同生效。

（三）承接查验依据的文件

（1）物业服务合同。
（2）《物业管理条例》。
（3）《物业承接查验办法》。
（4）《管理规约》。
（5）移交的物业图纸资料、清单。
（6）物业管理的相关法律、法规、政策、标准和规范。
（7）物业管理相关的合同、协议等。

（四）承接查验注意事项

（1）明确交接主体和次序。此类物业的管理移交是原物业服务企业将物业管理工作移交给物业的业主、业主委员会或物业产权单位之后，再由业主、业主委员会或产权单位将物业管理工作移交给新选聘的物业服务企业，而不是原有的物业服务企业将物业管理工作直接移交给新的物业服务企业。虽然在具体移交中可合并进行，但是要分清楚移交的主体和责任。

（2）各项资产和费用的移交，共用配套设施和机电设备的接管、承接时的物业管理运作衔接是物业管理工作移交的重点和难点，承接单位应尽量分析全面、考虑周全，以利于交接和日后管理工作的开展。

（3）如承接的物业项目部分还在质保期内，承接单位应与建设单位、移交单位共同签订物业承接查验协议，明确具体的保修项目、负责保修的单位及联系方式、保修方面遗留问题的处理情况，并在必要时提供原施工或采购合同中关于保修的相关条款文本。

（4）在物业管理移交工作中，对物业共用部位、共用设施设备存在的问题不易全部发现，难免存在遗漏，因此在签订移交协议或办理相关手续时应注意做出相关安排，便于在后续工作中能妥善解决发现的问题。

第四节　物业的装修管理

装饰装修是业主入住后必不可少的环节。由于缺乏物业装饰装修建筑专业知识和对装饰装修管理相关法律法规的了解，业主在装饰装修中更多的是考虑物业的实用、美观和舒适，而较少顾及建筑安全和公共权益。随着人们审美情趣的不断变化，物业装修设计、施工、材料等的个性化程度越来越高。加之物业装饰装修过程长、点多面广、不确定因素多，管理控制难度大。如果管理不当，一方面可能危害物业安全，影响物业的正常使用，或对物业构成潜在的危险，致使物业风险后置，另一方面可能激发物业服务双方的矛盾和冲突，影响物业管理和社区的和谐局面。因此，物业装饰装修管理是物业服务的重点和难点之一，不仅要求细致专业、一丝不苟，方案上严格把关，沟通上合情合理，而且要求物业服务企业高度敬业、检查频密、消灭隐患、及时整改。

一、装饰装修管理含义

（一）含义

物业装饰装修管理是通过对物业装饰装修过程的管理、服务和控制，规范业主、物业使用人的装饰装修行为，协助政府行政主管部门对装饰装修过程中的违规行为进行处理和纠正，从而确保物业的正常运行使用，维护全体业主的合法权益。

（二）内容

物业装饰装修管理主要依据《住宅室内装饰装修管理办法》（中华人民共和国建设部令第110号）的相关要求实施。物业装饰装修管理内容包括装饰装修申报、登记审核、入场手续办理、装饰装修过程监督检查以及验收等环节。

二、装饰装修管理各方主体责任

为减少物业装修、装饰过程中违章现象的出现，物业服务企业应主动提示督促业主（或物业使用人）阅读并理解装饰装修管理的规定和小区规定。为了分清物业装饰装修有关各方的责任，物业装饰装修管理协议等相关文件应由装修人、施工单位及物业服务企业三方签字。物业装饰装修如出现违规、违章行为，造成公共权益受到侵害和物业损害的，物业服务企业应及时劝阻，对不听劝阻或造成严重后果的，物业服务企业应及时向有关部门报告。

（一）装修人和装修企业的责任

装修人指业主或物业使用人，装修企业指装修施工单位。装修人和装修企业在装饰装修活动中的责任包括以下内容。

（1）因装饰装修活动造成相邻住宅的管道堵塞、渗漏水、停水停电、物品毁坏等，装修人应当负责修复和赔偿，属于装饰装修企业责任的，装修人可以向装饰装修企业追偿。装修人擅自拆改供暖、燃气管道和设施而造成损失的，由装修人负责赔偿。

（2）装修人装饰装修活动侵占了公共空间，对公共部位和设施造成损害的，由城市房地产行政主管部门责令改正，造成损失的，应依法承担赔偿责任。

（3）装修人未申报登记就进行住宅室内装饰装修活动的，由城市房地产行政主管部门责令改正，并处罚款。

（4）装修人违反规定，将住宅室内装饰装修工程委托给不具有相应资质等级企业的，由城市房地产行政主管部门责令改正，并处罚款。

（5）装饰装修企业自行采购或者向装修人推荐使用不符合国家标准的装饰装修材料，造成空气污染超标的，由城市房地产行政主管部门责令改正，造成损失的，依法承担赔偿责任。

（6）装修活动有下列行为之一的，由城市房地产行政主管部门责令改正，并处罚款。

①将没有防水要求的房间或者阳台改为卫生间、厨房间的，或者拆除连接阳台的砖、混凝土墙体的，对装修人和装饰装修企业分别处以罚款。

②损坏房屋原有节能设施或者降低节能效果的，对装饰装修企业处以罚款。

③擅自拆改供暖、燃气管道和设施的，对装修人处以罚款。

④未经原设计单位或者具有相应资质等级的设计单位提出设计方案，擅自超过设计标准或者规范增加楼面荷载的，对装修人和装饰装修企业分别处以罚款。

（7）未经城市规划行政主管部门批准，在住宅室内装饰装修活动中搭建建筑物、构筑物的，或者擅自改变住宅外立面、在非承重外墙上开门窗的，由城市规划行政主管部门按照《城市规划法》及相关法规的规定处罚。

（8）装修人或者装饰装修企业违反《建设工程质量管理条例》的，由建设行政主管部门按照有关规定处罚。

（9）装饰装修企业违反国家有关安全生产规定和安全生产技术规程，不按照规定采取必要的安全防护和消防措施，擅自动用明火作业和进行焊接作业的，或者对建筑安全事故隐患不采取措施予以消除的，由建设行政主管部门责令改正，并处罚款；情节严重的，责令停业整顿，并处更高额度的罚款；造成重大安全事故的，降低资质等级或者吊销资质证书。

（二）物业服务企业和相关管理部门的责任

（1）物业服务企业发现装修人或者装饰装修企业有违反相关法规规定的行为不及时向有关部门报告的，由房地产行政主管部门给予警告，可处于罚款处分。

（2）物业装饰装修行政主管部门接到物业服务企业关于装修人或者装饰装修企业有违反《住宅室内装饰装修管理办法》行为的报告后，应当及时到现场检查核实，依法处理。例如，工作人员接到物业服务企业对装修人或者装饰装修企业违法行为的报告后，未及时处理，玩忽职守的，由上级部门依法给予行政处分。

三、装饰装修管理注意事项

（1）服务与控制是装修管理过程的一对矛盾，如何处理充分体现了物业管理的水平与技巧。物业管理是服务活动，而装修管理工作的核心是对装修人各项装饰装修行为的一种控制，甚至是约束。因此，如何做好控制和服务，解决好这一矛盾，在实现控制的基础上让业主得到最大程度的满意，树立良好服务形象，就需要物业管理各级各类人员真正做到坚持原则，熟悉装修管理装饰规定，要换位思考，为业主着想，规范操作行为。

（2）为避免业主按自己意愿拟定的装修方案、准备或定制的材料与法规或物业管理处统一要求相冲突，减少业主损失或纠正的成本，物业管理处应提前拟定装修须知，在业主装修申报前将装饰装修工程的禁止行为和注意事项告知装修人和装修人委托的装饰装修企业。并予以书面确认。

（3）装修人在准备资料的阶段，常常不知道具体的装饰装修项目，甚至因为语言表达不同，致使装修人与物业服务企业出现理解歧义。此时，物业服务企业有必要进行现场核对，避免出现漏项或错报项。

（4）在装饰装修项目申报登记时，物业服务企业必须到现场对所附图纸进行核对，以防有漏项，或有大的拆动项目漏报。例如，建成使用已有数年的房屋申请装饰装修，须注意其在此之前是否做过装饰装修，内部布局是否有改变。尤其是多层建筑，一般情况下大多数墙体为承重墙体，如在此之前进行过拆打，则须对其新申报的拆打项谨慎核查，以确保其结构的安全。

（5）在办理开工手续前，物业管理方须确认装修施工的相关手续是否已经完备，尤其是需要政府主管部门（规划、消防、城管等）或供应部门（燃气、暖气等）审批的事项。

（6）在施工前，建议业主做闭水试验和管道打压测试，以界定建设单位、装修单位的保修责任，避免纠纷。

（7）在施工过程中，物业管理方应注意现场是否有未申报项目和材料；是否存在违反有关装修法规的行为（例如，装修中是否注意防火安全，有无使用电炉等火源等）；装修工程是否对公共秩序、公共安全以及毗邻业主或物业使用人构成侵害。

改动卫生间、厨房间防水层的，应当按照防水标准制订施工方案，并做闭水试验。

装修人拒绝和阻碍物业服务企业依据装饰装修管理服务协议的约定对装饰装修活动监督检查，应及时与业主沟通，通常发生此类情况，已出现违规行为，必要时可报告主管部门。

（8）验收工作是装修管理的最后一道工序，也是控制违章的最后一关。如果在此之前已经发现了违章，须在处理了违章后再进行验收工作。

（9）对于在物业装饰装修过程中的违规违约行为，应根据相关法规、业主公约及物业装饰装修管理服务协议进行处理。

（10）装饰装修资料的一部分为业主资料，如申报表、装修图、施工人员资料等，另一部分为操作记录表。在每一单项装饰装修完成后，物业服务企业须及时整理好相关资料，属业主资料的部分须归入业主档案资料，并长期保存，以备后查，操作记录则按文件管理办法进行相应的归档。

本章小结

1. 前期物业管理法律规定是物业项目早期介入过程中所形成的法定权利与义务关系。研究前期物业管理法律规定，对于加强物业管理立法、执法、守法有着重要的意义。

2. 前期物业管理包括项目早期介入、招投标管理、项目承接查验和装修管理。

复习思考题

1. 物业服务项目早期介入有哪些作用？
2. 简述物业服务项目早期介入的方式方法。
3. 简述物业项目招标的程序。
4. 简述物业项目投标的程序。
5. 物业承接查验与工程竣工验收的区别是什么？
6. 新建物业承接查验应注意哪些问题？
7. 物业管理机构更迭时的承接查验有哪些注意事项？

案例分析题

某住宅小区第 25 栋楼的公用水箱出现渗透现象，该栋楼的业主们向物业管理公司反映了情况，要求其及时予以修缮，但物业管理公司一直未采取措施。有一天，住在该栋楼的业主王某回家经过楼前通道时，因地面积水而摔倒，导致右腿骨折，被送往医院治疗。王某要求物业公司赔偿其医药费、营养费及误工补贴等相关费用未果，向法院起诉物业管理公司。

问题：本案例中物业公司是否需要承担责任？说明理由。

即测即练

第九章

物业服务费用的法律规定

◆ **教学目的**

通过本章的学习,使学生了解物业服务收费的概念和原则,熟悉专项维修基金的含义和用途,掌握物业收费的两种形式:包干制和酬金制。

◆ **教学重点**

包干制和酬金制的概念与区别。

◆ **教学难点**

物业服务收费的相关案例分析。

◆ **案例导入**

案例简介

A物业公司与某小区管理委员会签订物业服务合同,为该小区提供服务。郭某为该小区业主,由于其居住的4号楼的电梯和大厅是业主的共同部分,但A物业公司利用这些共同部分打广告,对广告收益从不公示。郭某以此为由,拒缴物业费。A物业公司与郭某协商不成,遂诉至法院。

问题:郭某可以以公共收益不公示为由不缴纳物业服务费吗?说明理由。

案例分析

法院判决:A物业尽到了自身的管理义务,故对郭某该抗辩理由本院不予支持。关于小区公共收益的问题,法院需要提醒原告,小区的公共收益系全体业主共有,在小区未成立业主委员会的情形下,物业公司应当按照保管人的要求保管小区公共收益,公共收益的收支应当定期公示,使业主知晓,待将来小区成立业主委员会后再与业主委员会就费用交接予以协商,同时,业主对此亦可进行监督,并及时成立业主委员会行使业主的权利,如发现物业公司有损害业主利益情形时,可依法保护自己的权利,但不能因此不缴纳物业服务费。

小区的公共收益系全体业主共有，但物业公司作为管理者，可以收取相关的成本费用，司法实践中，一般是公共收益的30%。物业公司应当做好相关账目保存，以避免业委会成立后，产生不必要的纠纷。

第一节 物业服务收费概述

一、物业管理服务费概念

物业服务费，是指物业服务企业按照物业服务合同的约定对房屋及配套设施设备和相关场地进行维修、养护、管理，维护相关区域内的环境卫生和秩序而向业主或使用人收取的费用。

一般理解为物业企业接受房地产开发建设单位或者业主大会的委托，根据合同约定对项目实施管理，履行合同约定义务后向业主或者物业使用人收取的酬金。由此物业企业对业主享有债权，因此物业企业向业主主张物业管理服务费的债权属于合同之债。

二、物业服务收费原则

《物业管理条例》对物业服务收费做出明确规定："物业服务收费应当遵循合理、公开以及费用与服务水平相适应的原则，区别不同物业的性质和特点，由业主和物业管理企业按照国务院价格主管部门会同国务院建设行政主管部门制定的物业服务收费办法，在物业服务合同中约定。"

（一）合理原则

物业服务收费水平应当与我国经济发展状况和群众现实生活水平协调一致，既不能超出业主的实际承受能力，也不能一味降低收费水平，进而造成业主房屋财产的贬损和制约群众生活水平的提高。因此，研究和确定物业服务收费标准，应当面向实际，客观决策。

目前，除实际市场调节价格的高档项目，有些中小城市的普通住宅物业收费难以满足房屋及设备设施维修养护的基本需要，房屋及设备设施加速损坏，缩短正常使用期限的情况较为严重。因此，除政府有关部门对此应结合经济发展和群众生活水平的提高，适当调整物业服务费用的政府指导价标准，物业管理企业也应当向业主做好宣传解释工作。

一方面要深入宣传，增强业主物业管理消费意识。很多业主不了解房屋养护管理需要大量费用，而是简单的认为，购买房屋后就可以一劳永逸。房屋保养需要大量的追加投资，根据大量实际数据测算，砖混结构房屋的建安造价与建筑寿命期的维修养护管理费用的比率平均达到1:1，换算到商品房价格与维修养护管理费用的比率，要达到1:0.7左右。因此如果维修费用不足，不能正常的进行保养维护，就会加速业主房屋财产的老化，提前结束房屋的使用寿命。

另一方面要强调业主应当具备的公共意识。一些业主缺乏公共意识，对维修养护共用部位和共用设施设备漠不关心，甚至推脱责任，怠于履行自己应尽的义务，拒绝缴纳物业服务费用或专项维修资金，致使其他业主的共同财产连带遭受损害。因此通过各种方式，宣传、教育业主，了解自己的财产权利和必须履行的公共义务，是一项十分必要的工作。

（二）公开原则

《中华人民共和国价格法》（以下简称《价格法》）规定："经营者销售、收购商品和提供服务，应当按照政府价格主管部门的规定明码标价，注明商品的品名、产地、规格、等级、计价单位、价格或者服务的项目、收费标准等有关情况。经营者不得在标价之外加价出售商品，不得收取任何未予标明的费用。"

2004年10月，国家发改委、建设部联合颁布《物业服务收费明码标价规定》明确物业服务收费属于《价格法》调整范围，应当明码标价，物业服务企业应在物业管理区域内的显著位置，依法向业主公示物业服务企业名称、物业服务内容、服务标准、收费项目、收费计价方式和收费标准。

（三）收费与服务水平相适应原则

要求物业服务收费与服务水平相适应，就是要求价质相符，业主花钱买服务必须买得公平合理，符合等价交换原则，物业服务企业的经营作风必须诚实守信，提供的服务质量必须货真价实，接受消费者的监督。

等价交换是商品交换的基本原则，也是民事法律关系关于有偿服务的基本制度。强调物业管理服务应当价质相符，是针对现实物业服务市场情况提出的。现实中，有相当一部分物业服务企业和业主，对价质相符的物业服务原则缺乏足够的认识。一些物业服务企业脱离合同，不重视物业服务质量，单纯以物价局的收费批件收取物业服务费用，造成业主的不满。同样，一些业主也不考虑物业服务企业的服务质量和管理成本，仍以福利养房的习惯认知来要求物业服务企业提供超值服务，甚至拒绝承担物业管理费用。因此，提高价质相符的市场交换意识，是缓解物业管理矛盾的根本所在。

在我国几十年的计划经济体制中，房屋与设备设施的维修养护，全部由国家或单位统包统修，居民和职工长期享受着福利住房待遇，基本不存在养房负担，更没有住房消费观念。实行住房商品化后，尽管业主有了自己的住房，但养房观念仍然十分淡薄。因此，确立物业服务收费与服务水平相适应原则，是住房制度改革政策在住房消费领域的具体体现，有利于提升业主的住房消费观念。

但是，值得指出的是，对于一些老旧住宅小区（包括棚户区）改造后实施物业管理，一定要充分考虑到这些小区内有不少业主的收入较低，物业管理消费能力有限，因此，提供的服务和收取的费用以不超越他们的承受能力为原则。可以按照他们的需要，提供最基本的物业管理服务，收取相应水平的物业管理费用。

三、物业服务收费定价形式

《价格法》对于包括服务收费在内的价格管理，规定了三种定价形式。

一是政府定价。政府定价是指由政府价格主管部门或者其他有关部门，按照定价权限和范围制定的价格。

二是政府指导价。政府指导价是指由政府价格主管部门或者其他有关部门，按照定价权限和范围规定基准价及其浮动幅度，指导经营者制定的价格。

三是市场调节价。市场调节价是指由经营者自主制定，通过市场竞争形成的价格。

我国开展物业管理以来，政府价格主管部门和房地产主管部门，对高档公寓、别墅和非住宅的物业服务收费管理，一般都实行市场调节价，由业主和物业管理企业根据不同的服务项目和标准协商议定，主管部门只作备案登记。对普通住宅的物业服务收费，开始则采取了较为严格的管理措施，一般都采取政府定价和政府指导价的管理方式，其中绝大多数物业项目都是采取政府定价管理方式。

以政府定价方式管理物业服务收费，在物业管理活动开展初期，对于推行物业管理，稳定物业管理收费秩序，发挥了重要的积极作用。但是，随着物业管理活动的全面展开，以政府定价方式管理物业服务收费，各种弊端也逐渐暴露，主要体现为四点。

（1）不利于物业服务企业提高服务质量。一些物业服务企业取得物价管理部门的收费批件后，根据收费批件向业主收费，同时由于收费标准被限制得过死，助长了物业服务企业安于现状不求进取的消极意识。

（2）制约了业主对物业服务质量的监督权和选择权。物业服务企业凭借政府收费批件收取费用，服务好坏都一个价格，业主对物业服务企业和物业服务质量的监督、选择权利却受到限制。

（3）因定价标准不客观产生了大量矛盾。物业服务内容不仅比较复杂，而且各个物业服务项目情况、物业服务企业的资质情况，以及各项服务的实际状况千差万别，要求政府取代业主准确核定收费标准，客观上是不现实的。由于定价不合理，物业服务企业和业主对政府核定的物业服务收费标准的做法，都不同程度存在着意见。

（4）政府核定物业服务收费标准阻碍了物业服务市场的发展。价格是市场竞争的核心要素，长期持续的政府定价，限制业主和物业服务企业在物业服务市场的选择权，物业服务市场因而丧失活力，物业管理招投标制度也会流于形式，无法发挥市场机制的优胜劣汰作用。

为此，《物业服务收费管理办法》不再规定政府定价形式，仅采取政府指导价和市场调节价对物业服务收费进行管理。

物业服务收费实行政府指导价的具体方式是，由房地产行政主管部门根据物业服务的实际情况和管理要求，制定物业服务的等级标准，然后由有定价权限的价格主管部门同房地产行政主管部门，测算出各个等级标准的物业服务基准价格及其浮动幅度。各物业服务项目的具体收费标准，由业主与物业服务企业根据规定的基准价和价格浮动幅度，结合本物业项目的服务等级标准和调整因素，在物业服务合同中约定。

综上所述，采取政府指导价收费的物业服务项目，价格主管部门不再针对具体物业项目审批收费标准，而是针对物业管理主管部门制定的服务标准制定价格幅度，以便指导业主与物业服务企业根据具体服务情况协商服务价格。

实行市场调节价的物业服务收费，则完全由业主与物业服务企业按照市场原则自由协商价格并在物业服务合同中约定，政府不予干预。

考虑各地经济发展状况与市场环境不尽相同，《物业服务收费管理办法》规定："物业服务收费应当区分不同物业的性质和特点分别实行政府指导价和市场调节价。具体定价形式由省、自治区、直辖市人民政府价格主管部门会同房地产行政主管部门确定。"

第二节　物业服务收费形式与成本构成

一、物业服务收费形式与成本构成

（一）包干制

包干制是指由业主向物业服务企业支付固定物业服务费用，盈余或者亏损均由物业服务企业享有或者承担的物业服务计费方式。实行物业服务专用包干制的，物业服务费的构成包括物业服务成本、法定税费和物业服务企业的利润。

包干制是目前我国住宅物业服务收费普遍采用的形式。包干制收费形式下，业主按照物业服务合同支付固定的物业服务费用后，物业服务企业必须按照物业服务合同要求和标准完成物业管理服务。换句话说，就是物业服务企业自负盈亏，无论收费率高低或物价波动，物业服务企业都必须按照合同约定的服务标准提供相应服务。

包干制物业收费形式比较简洁，但交易透明度不高。在收费率偏低时，容易导致物业服务企业亏损；在市场不规范时，个别物业企业可能通过减少物业服务成本来保证企业利润，业主的权益可能受到侵害。

（二）酬金制

酬金制是指在预收的物业服务资金中按约定比例或者约定数额提取酬金支付给物业服务企业，其余全部用于物业服务合同约定的支出，结余或者不足均由业主享有或者承担的物业服务计费方式。实行物业服务酬金制的，预收的物业服务资金包括物业服务支出和物业服务企业的酬金。

酬金制也称佣金制，这种物业服务收费方式在非住宅物业管理项目中较多采用，目前，不少高档住宅物业管理也已采用。酬金制的物业服务支出由业主负担，物业企业受业主委托，运用自身的管理知识、经验和专业技能组织实施物业管理服务，并取得事前约定比例或数额的酬金。

为保证实施物业管理服务所需费用，酬金制要求业主按照经过审议的预算和物业服务合同的约定，先行向物业服务企业预付物业服务支出。物业服务支出为所交纳的业主所有，物业服务企业对所收的物业服务支出仅属代管性质，不得将其用于物业服务合同约定以外的支出。

根据《物业服务收费管理办法》规定，实行物业服务费用酬金制的物业管理企业，应当履行以下义务。

（1）物业服务企业应当向业主大会或者全体业主公布物业服务资金年度预决算，并每年不少于一次公布物业服务资金的收支情况。

（2）业主或者业主大会对公布的物业服务资金年度预决算和物业服务资金的收支情

况提出质询时，物业服务企业应当及时答复。

（3）物业服务企业应配合业主大会按照物业服务合同约定聘请专业机构对物业服务资金年度预决算和物业服务资金的收支情况进行审计。

二、物业管理服务成本构成

物业服务成本或者物业服务支出构成一般包括以下部分。

（1）管理服务人员的工资、社会保险和按规定提取的福利费等。

（2）物业共用部位、共用设施设备的日常运行、维护费用。

（3）物业管理区域清洁卫生费用。

（4）物业管理区域绿化养护费用。

（5）物业管理区域秩序维护费用。

（6）办公费用。

（7）物业管理企业固定资产折旧。

（8）物业共用部位、共用设施设备及公众责任保险费用。

（9）经业主同意的其他费用。

物业共用部位，共用设施设备的大修、中修和更新、改造费用，应当通过专项维修资金予以列支，不得计入物业服务支出或者物业服务成本。

三、物业服务费的缴纳和督促

（一）非业主使用人的交费责任

业主缴纳物业服务费用是最普遍的现象。业主是物业的所有权人。在物业服务活动中，物业服务企业受业主委托，对业主的物业进行管理，为业主提供服务，因此，业主应当向物业服务企业支付相应服务费用。在现实生活中，业主拥有的物业，不一定为业主所占有和使用。当业主将其物业出租给他人或者交由他人使用时，业主可以和物业使用人约定，由物业使用人缴纳物业服务费用。实际上，物业使用人是代业主履行合同义务。鉴于物业使用人实际占有和使用物业，是真正享受物业服务的人，《物业管理条例》规定业主与物业使用人约定由物业使用人缴纳物业服务费用的，从其约定。同时，考虑到业主毕竟是缴纳物业服务费用的第一责任人，业主的地位相对稳定，而物业使用人并不是物业服务合同的当事人，而且变动相对较快，为了保障物业服务企业的合法权益，《物业管理条例》进一步规定，即使存在这一约定，业主仍然负连带缴纳责任。所谓连带缴纳责任，是指当物业使用人不履行或者不完全履行与业主关于物业服务费用缴纳的约定时，业主仍负缴纳物业服务费用的义务，物业服务企业可以直接请求业主支付物业服务费用。

（二）未交付房屋的交费主体

在一个物业管理区域内的新建物业，产权的多元化需要一个过程。在建设单位销售物业之前，建设单位是唯一的业主。如果建设单位聘请了物业服务企业实施前期物业管理服务的，应当支付物业管理服务费用。在物业开始销售给众多分散的业主时，建设单位仍然需要就没有售出的物业以及没有交付给业主的物业缴纳物业服务费用；已经出售并交付给业主的物业，物业服务费用由业主缴纳。因为已竣工没有售出物业的产权仍然属于建设单位，作为产权人当然有义务缴纳服务费用；对于没有交付给物业买受人的物业而言，物业的实际占有人还是建设单位，物业的产权往往还没有转移给买受人，买受人也没有享受到物业服务。因此，《物业管理条例》规定，已竣工但尚未出售或者尚未交给物业买受人的物业，物业服务费用由建设单位缴纳。

（三）业主委员会对欠费业主的督促义务

按时足额缴纳物业服务费用或者物业服务资金，应当是业主自觉履行的义务。但现实中，业主违反物业服务合同约定，逾期不缴纳服务费用或者服务资金的情况也客观存在，有些物业管理区域，业主欠交物业费的情况甚至相当严重。

为维护物业管理活动的交易秩序，《物业管理条例》和《物业服务收费管理办法》均明确规定：对于欠费业主，业主委员会应当督促其限期缴纳；逾期仍不缴纳的，物业服务企业可以依法追缴。业主欠缴物业管理服务费用，必然影响物业管理服务的质量，因此，业主欠费行为不仅侵害了物业服务企业的合法权益，也损害了其他缴费业主的合法权益，业主委员会有责任也有义务代表缴费业主督促欠费业主限期缴纳物业管理服务费。对拒不缴费的业主，物业服务企业有权依法追缴，但不得采取停水、停电等违法措施胁迫业主交费。依法追缴的方式，就是依据物业服务合同关于解决争议条款的约定，通过仲裁或向人民法院起诉解决。

四、代收代交费用

一般而言，业主和供水、供电、供气、供热、通信、有线电视等单位之间，是一种合同关系。作为合同当事人，业主和供水、供电、供气、供热、通信、有线电视等单位，应当按照法律的规定和合同的约定，来行使合同权利和履行合同义务。其中，向业主收取相应的水、电、气、热、通信、有线电视费是供水、供电、供气、供热、通信、有线电视等公用事业单位的权利。物业服务企业并不是合同的当事人，没有义务向公用事业单位支付这些费用，也没有权利向业主收取这些费用。

在物业服务过程中，一些供水、供电、供气、供热、通信、有线电视等单位往往利用自身的垄断经营地位，强迫物业管理公司代其收缴本应当由其收缴的费用，并且不给或者少给代理费。更有甚者，在业主拒缴相关费用或者水、电等分户表和小区总表数额不等时，要求物业服务企业承担相应费用。

如果供水、供电、供气、供热、通信、有线电视等单位每次均向每一个业主收费，会导致交易成本增高，对当事人双方均无益处。而在物业管理区域内，物业服务企业作为管理服务人，对物业及业主的情况较这些单位更为熟悉。如果由物业服务企业接受供水、供电、供气、供热、通信、有线电视等单位的委托，代其向业主收取相关费用，可以节省当事人的时间和支出费用，提高办事效率。因此，物业服务企业可以接受供水、供电、供气、供热、通信、有线电视等单位的委托，代收有关费用。供水、供电、供气、供热、通信、有线电视等单位委托物业服务企业代收费的，两者之间是一种委托合同关系。物业服务企业有权根据自身经营状况，决定是否接受供水、供电、供气、供热、通信、有线电视等单位委托，这些单位无权强制要求物业服务企业代收有关费用。

在实际中，有些物业服务企业在代供水、供电、供气、供热、通信、有线电视等单位收费时，还以手续费、管理费、劳务费等名目向业主收取额外费用，引起业主的不满。实际上，供水、供电、供气、供热、通信、有线电视等单位、业主、物业服务企业之间存在三个合同关系，产生三个支付费用（报酬）义务：业主与供水、供电、供气、供热、通信、有线电视等单位之间是供用水、电、气、热、通信、有线电视合同关系，业主与物业服务企业之间是物业服务合同关系，物业服务企业和供水、供电、供气、供热、通信、有线电视等单位之间是委托合同关系。按照第一个合同，业主应当支付水、电、气、热、通信、有线电视费，按照第二个合同，业主应当支付物业服务费用，按照第三个合同，供水、供电、供气、供热、通信、有线电视等单位应当支付委托报酬。可见，就代收费用而言，物业服务企业有权向供水、供电、供气、供热、通信、有线电视等单位收取报酬，但向业主收取费用，没有任何依据。

根据上述情况，《物业管理条例》为保护业主与物业服务企业的合法权益，维护市场交易原则和企业经营规则，对物业服务企业代收代交各项公用事业费用，做出明确规定："物业管理区域内，供水、供电、供气、供热、通信、有线电视等单位应当向最终用户收取有关费用。物业服务企业接受委托代收前款费用的，不得向业主收取手续费等额外费用。"《物业服务收费管理办法》进一步明确："物业服务企业接受委托代收上述费用的，可向委托单位收取手续费，不得向业主收取手续费等额外费用。"其中，"最终用户"是指水、电、气、热、通信、有线电视的最终使用人，即业主。"手续费"是指公用事业单位与物业服务企业，应当按照市场原则与委托合同的约定，在平等、自愿、协商、等价有偿的基础上，由公用事业单位支付给物业服务企业的代理费。

第三节　住宅专项维修资金

一、专项维修资金的概念与来源

专项维修资金由业主或物业使用人缴纳，专项用于物业共用部位、共用设施设备保修期满后的大修、更新、改造。专项维修资金属业主所有，物业管理单位的管理和使用属于代管性质。专项维修资金的来源主要有以下几个方面。

（一）法律法规规定的费用

《住宅专项维修资金管理办法》第七条规定：

商品住宅的业主、非住宅的业主按照所拥有物业的建筑面积交存住宅专项维修资金，每平方米建筑面积交存首期住宅专项维修资金的数额为当地住宅建筑安装工程每平方米造价的 5%至 8%。

直辖市、市、县人民政府建设（房地产）主管部门应当根据本地区情况，合理确定、公布每平方米建筑面积交存首期住宅专项维修资金的数额，并适时调整。

《住宅专项维修资金管理办法》第八条规定：

出售公有住房的，按照下列规定交存住宅专项维修资金：

1. 业主按照所拥有物业的建筑面积交存住宅专项维修资金，每平方米建筑面积交存首期住宅专项维修资金的数额为当地房改成本价的 2%。

2. 售房单位按照多层住宅不低于售房款的 20%、高层住宅不低于售房款的 30%，从售房款中一次性提取住宅专项维修资金。

（二）物业服务费结转的费用

物业服务费在运行中可能产生结余，如果在连续几年或者年度出现较大数额的结余时，除可在管理预算中调整，也可经业主大会同意设定一定比例纳入专项维修资金。

（三）业主大会中决定分摊的费用

根据物业维护保养的需要，在大、中修和更新改造费用不足时，由业主大会决定向全体业主续筹的资金。

（四）业主共有物业的收益

物业区域内的共用部位、共用设施设备，有些可以用来经营，获得收益，经业主大会同意，可将收入的一部分纳入专项维修资金。

（五）社会捐赠或政府拨款的费用

由社会各界捐赠或政府根据某种情况拨付的费用。

二、专项维修资金的管理

专项维修资金属全体业主共同所有，专项用于物业保修期满后物业共用部位、共用设施设备的维修和更新、改造。由于其所有权及使用的特殊性，房地产主管部门或其指定机构、开发企业及物业管理单位代收的专项维修资金不计征营业税。

专项维修资金应当在银行专户存储，专款专用。为了保证专项维修资金的安全，在维修资金出现闲置时，除可用于购买国债或者用于法律、法规规定的其他范围，严禁挪作他用。在业主大会成立前，专项维修资金的使用由售房单位委托的管理单位提出使用计划，经当地房地产行政主管部门审核后划拨。业主大会成立后，维修资金的使用由物业服务企业提出年度使用计划，经业主大会审定后实施。在物业服务企业发生更迭时，代管的维修资金账目经业主大会审核无误后，应当办理账户转移手续。账户转移手续应当自双方签字盖章之日起十日内送当地房地产行政主管部门和业主委员会备案。在业主转让房屋所有权时，结余维修资金不予退还，随房屋所有权同时过户。因房屋拆迁或者其他原因造成住房灭失的，维修资金代管单位应当将维修资金账面余额按业主个人缴交比例退还给业主。

本章小结

1. 物业服务收费的概念和原则。
2. 物业服务收费的两种形式：包干制和酬金制。
3. 包干制是指由业主向物业服务企业支付固定物业服务费用，盈余或者亏损均由物业服务企业享有或者承担的物业服务计费方式。
4. 酬金制是指在预收的物业服务资金中按约定比例或者约定数额提取酬金支付给物业服务企业，其余全部用于物业服务合同约定的支出，结余或者不足均由业主享有或者承担的物业服务计费方式。
5. 专项维修资金由业主或物业使用人缴纳，专项用于物业共用部位、共用设施设备保修期满后的大修、更新、改造。专项维修资金属业主所有，物业管理单位的管理和使用属于代管性质。

复习思考题

1. 物业服务收费的原则有哪些？
2. 包干制和酬金制的区别体现在哪里？
3. 物业服务成本或者物业服务支出构成一般包括哪些？
4. 专项维修资金如何管理？

案例分析题

1. 某房地产开发公司与 A 物业公司签订"物业服务委托合同"，将其承建的某小区委托于 A 物业公司依约提供物业服务。陈某为该小区某单元的所有权人，以自己未与 A 物业公司签订合同为由拒缴物业费。A 物业公司多次协商未果，遂将陈某告上法院要求陈某支付物业管理费。

问题：物业公司的诉求是否正当？说明理由。

2. 王某、林某系某小区业主，他们认为自小区业委会成立以来，管理混乱、财务收支不透明，导致广大业主合法权益受到损害，于是要求业委会、物业公司依法公开相应的账目信息。王某、林某及小区广大业主多次要求业委会公布相关信息，均被借故推脱，于是向法院提起诉讼。

法院经审理认为，业主对小区公共事务和物业管理的相关事项享有知情权，可以向业委会、物业公司要求公布、查阅，且确由业委会和物业公司掌握的情况和资料依法应当向业主公布。本案中，业委会已在小区内张贴公示2010—2015年的财务收支情况，并确认本届业委会无重要决定、决议和会议记录，未动用、筹集、使用维修基金；业委会和物业亦向王某、林某出示了相关物业服务合同；同时，在审理过程中，审判人员组织双方查阅了有关账目和资料，故王某、林某的诉讼请求已经丧失了事实基础。法院依法驳回王某、林某的诉讼请求。

问题：小区内公共区域的收益归谁所有？法律依据是什么？

即测即练

扫描此码　自学自测

第十章

物业管理纠纷的防范与处理

◆ **教学目的**

通过本章的学习，使学生了解物业管理纠纷的种类，熟悉物业管理纠纷的特点，掌握物业管理纠纷的处理方式。

◆ **教学重点**

物业管理纠纷的处理方式。

◆ **教学难点**

物业管理纠纷的案例分析。

◆ **案例导入**

案例简介

甲物业有限公司受某小区业主委员会委托对该小区进行物业管理。该小区内的住户沈某（住该小区五楼）在装修时，多处搭建私人建筑物，给整幢大楼带来了极其严重的安全隐患。物业公司虽多次对沈某进行劝阻，要求其恢复原状，但沈某一直不予理睬，故物业公司于2015年6月将沈某诉至法院，要求判令其拆除不锈钢栅栏和楼道的搭建物，并恢复墙体和楼顶的结构。法院以原告诉讼主体资格不符为由裁定驳回起诉。2015年10月，违章建筑的搭建人沈某将自己的房屋出售给了新的业主吴某。2016年1月，某小区业主委员会再次以沈某为被告向人民法院提起诉讼，诉讼请求和事实与理由与前次起诉基本相同，唯一的变化就是原告由物业服务企业改成了业主委员会。沈某辩称："我曾经是五楼房屋的所有权人，虽然实施了违反业主公约、侵害其他业主权益的行为，但是我已经将房屋产权转让，所以作为诉讼主体的被告已不合格。"

问题：业主委员会起诉业主侵权，法院应否受理？

案例分析

法院判决：沈某混淆了违法的侵权行为与合法的物权行为的关系，是错误的。对业主委员会的诉讼请求应当给予支持。

本案作为物业服务纠纷案件，在诉讼主体的确定方面具有很强的典型性，既涉及物业服务企业、业主委员会和业主三方，又是关于某一特定业主违反业主公约、侵犯其他业主的共同权益的案件，而且在审理过程中还出现了房屋业主变更的情况。当物业服务纠纷发生时，由谁来提起诉讼，将谁作为被告，下面我们逐一分析。

（一）原告的确定

所谓原告的确定，就是要解决"谁来告"的问题。我国《物业管理条例》第三十四条第一款规定："业主委员会应当与业主大会选聘的物业服务企业订立书面的物业服务合同。"第三十五条第一款规定："物业服务企业应当按照物业服务合同的约定，提供相应的服务。"第四十五条规定："对物业管理区域内违反有关治安、环保、物业装饰装修和使用等方面法律、法规规定的行为，物业服务企业应当制止，并及时向有关行政管理部门报告。有关行政管理部门在接到物业服务企业的报告后，应当依法对违法行为予以制止或者依法处理。"第五十三条规定："业主需要装饰装修房屋的，应当事先告知物业管理企业。物业管理企业应当将房屋装饰装修中的禁止行为和注意事项告知业主。"从这些条款可以看出，物业服务企业是受业主大会（业主委员会）委托的，对物业管理区域内治安、环保、物业装修等项目进行日常管理、维护和服务的机构，其权利义务受到物业服务企业和业主大会所订立的服务合同的严格限制。从法律上讲，物业服务企业对物业进行管理的权利最终来自于业主的委托和授权。虽然物业服务企业有权对业主的物业装修事项进行管理，但其职权也仅限于《物业管理条例》第四十五条和第五十三条所规定的"告知""制止"和"报告"。对于业主违反相关法律法规和业主公约的行为，由有关行政机关出面进行制止或处罚。业主的违法行为，没有给物业服务企业造成直接的损害；换言之，物业服务企业不是直接的受害人。所以在没有获得业主授权的情况下，物业服务企业不能直接进行处罚或提起诉讼。

那么业主委员会是否有权对这种行为提起诉讼呢？《物业管理条例》第十五条规定：业主委员会执行业主大会的决定事项，履行下列职责：①召集业主大会会议，报告物业管理的实施情况；②代表业主与业主大会选聘的物业服务企业签订物业服务合同；③及时了解业主、物业使用人的意见和建议，监督和协助物业服务企业履行物业服务合同；④监督业主公约的实施；⑤业主大会赋予的其他职责。在本章导入案例中，原告的行为不仅为有关法律法规（如《消防法》《中华人民共和国建筑法》《物业管理条例》等）明文禁止，而且还侵犯了该单元楼内其他业主的合法权益。因此，除了有关主管部门可以依法对其进行处罚，合法权益受到侵犯的业主也可以提起民事诉讼。业主大会应当代表和维护物业管理区域内全体业主在物业管理活动中的合法权益。而业主委员会，作为业主大会的执行机构，当然也应该在日常管理活动中代表全体业主的利益。当特定业主违反业主公约、侵害了其他业主的共同利益时，业主委员会就可以也应当站出来，作为原告对其提起诉讼，维护全体业主的利益。

（二）被告的确定

所谓被告的确定，就是要解决"告谁"的问题。本案的被告应该是谁？在回答上述问题之前,让我们先来看一下被告认为其资格不符的理由。被告认为,案件起诉的被告曾经是五楼房屋的所有权人,但其已经将房屋产权转让。他虽然实施了违反业主公约、侵害其他业主权益的行为,但是他已非五楼房屋的权利人,所以作为诉讼主体的被告已不合格。在本案中,原房屋所有权人沈某所实施的违反业主公约、进行违章搭建、侵害其他业主合法权益的行为,从性质上讲,属于侵权行为,违反了民事法律规定,需要承担相应的民事责任。而其转让房屋的所有权,属于物权行为,是一种合法有效的行为,应该受到法律的保护。他所实施的违法行为、所要承担的民事责任,并不因为房屋所有权的转让而转移。房屋出售后,违章建筑依然存在,依然是沈某搭建的,不归新的产权人所有;大楼被破坏的部分、对全体业主合法权益的侵害,也依然是沈某的行为造成的,不是新的产权人所为。综上所述,沈某混淆了违法的侵权行为与合法的物权行为的关系,是错误的。对业主委员会的诉讼请求应当给予支持。

第一节 物业管理纠纷概述

一、物业管理纠纷的概念

物业管理纠纷是指自然人、法人、其他社会组织、国家有关行政管理部门相互之间在物业管理的民事、经济、行政活动中,因对同一项与物业有关,或与物业管理服务有关,或与具体行政行为有关的权利和义务存在矛盾(对立、对抗)的主张和请求,而发生的具有财产性质的争执。

二、物业管理纠纷类型

(一)按纠纷所属法律部门不同的法律关系性质差异,物业管理纠纷划分四大类

1. 民事纠纷

民事纠纷指民事法律地位平等的自然人、法人、其他社会组织相互之间基于财产关系和人身关系而发生的纠纷。物业管理纠纷大部分属于民事纠纷,主要表现为服务合同纠纷(违约纠纷)、侵权纠纷、不动产相邻关系纠纷、无因管理纠纷等。

2. 经济纠纷

经济纠纷正确地说是经济管理和协作纠纷,指存在经济组织隶属关系,地位不平等的个人与其所在经济组织之间、下级组织与其上级组织之间或者依法依合同结成经济协作性隶属关系的不同经济组织之间,基于经济利益关系和组织管理职责关系而发生的纠纷。其主要表现为物业管理企业与特定业主及业主委员会之间发生的经营管理权限纠纷;在业主个体与业主小组、业主会议、业主委员会或住区管委会之间发生的经济事务自治权利义务纠纷;有关单位依物业管理法规应当相互协助而未尽协助职责纠纷等。

3. 行政纠纷

行政纠纷狭义是指行政机关在行使管理职权过程中与自然人、法人和其他组织之间

发生的具体行政行为争执及连带利益（如行政赔偿）争执。

广义还包括对抽象行政行为，即行政规范性文件内容规范的争执。在物业管理行政法律关系中，主要有物业管理的行政主管机关的行政指导和行政监督的具体行政行为纠纷，以及其他相关行政部门监督、管理或干预物业管理活动引起的纠纷。

4. 刑事纠纷

刑事纠纷指个人和法人单位的行为违反刑事法规而引起的纠纷。如物业管理中保安管理行为招致某业主不满，该业主纠集朋友殴打物业管理公司的保安人员及公司经理，致其死亡或重伤，这种打人行为就超出了治安管理处罚条例的管辖范围，上升为刑事纠纷，该业主及其他打人凶手要经刑事诉讼程序而依法受到刑罚的惩处。

（二）按纠纷中的基本权利性质和特点不同，物业管理纠纷划分为四大类

1. 物业管理产权纠纷

物业管理产权纠纷主要是物业所有权方面的业主专有权与业主团体共有权辖属范围的确认纠纷，业主团体复有权与托付物业管理企业的物业经营管理权行使之间的权限划分和确认纠纷，物业使用权人与业主及业主团体之间发生的使用权益确认纠纷等。

2. 物业管理债权类纠纷

物业管理债权类纠纷主要是与物业管理服务有关的合同之债、侵权之债等债权债务关系纠纷。如物业管理服务违约纠纷、物业管理行为失误致人损害的赔偿纠纷、车辆保管纠纷、无因管理之债纠纷等。

3. 物业管理行政权类纠纷

物业管理行政权类纠纷主要是物业管理行政主管机关和其他有关行政部门在行使职权的具体行政行为中与行政相对人之间发生的行政权限和行政权行使是否违法、是否得当、是否显失公正的争执。如违法建筑和违法搭建的行政确认与行政执法强行拆除引起的纠纷等。

4. 物业管理自治权类纠纷

物业管理自治权类纠纷主要是业主、物业使用权人、业主会议、业主委员会、业主团体自治的行政指导和监督部门相互之间在团体民主自治权益方面发生的纠纷。如业主不执行业主公约的有关规定或不执行业主会议续筹物业维修基金的分摊决定而引起的纠纷。

三、物业管理纠纷的特点

（一）物业管理合同纠纷的特点

1. 纠纷主体的平等性

物业管理委托合同是业主代表组织或开发商与管理公司基于平等民事主体的身份订立的，各方当事人的权利义务依据"平等自愿、等价有偿、诚实信用"的原则确定。因此，在解决纠纷时任何一方都不可能凌驾于对方当事人之上。

2. 纠纷的内容和标的既有有形的物质（如财产），也有无形的服务

物业管理合同是一种服务合同，因合同出现的纠纷可能有关财产，如请求给付违约金或赔偿损失等，但也有相关服务，或改善服务质量等无明确财产的内容。

3. 纠纷处理方式的协议性

纠纷当事人可以选择处理纠纷的方式，如协商、仲裁、调解或诉讼。

4. 纠纷管辖的地域性

物业管理合同纠纷除当事人选择仲裁可以不受地域限制以外，以诉讼方式或请求有关管理部门调解的，均须遵循物业所在地有关机构管辖的原则，如诉讼，就只能选择在物业所在地法院审理，至于是在哪一级法院（基层法院还是中级或高级法院），则视争议标的而定。

5. 经营者不得单方解约

物业管理关系到大批居民的生活安定，是良好社会秩序的组成部分。因此，作为经营者（主要指物业管理公司或开发商）富有较强的社会责任，与业主出现纠纷时即使是业主违约在先，经营者也不得随意停水、停电或单方面解约撤销，以免造成难以预料的后果。经营者以为权利被侵害，可以另循法律途径解决。

（二）物业管理侵权纠纷的特点

1. 侵权行为和损害结果的多样性

物业管理侵权行为主要表现为作为和不作为。作为是积极的行为，不作为是消极的行为。物业管理活动中的当事人或关系人如因主动的行为（如故意或过失）侵权的，或不履行约定或法定职责而致损害的，都应承担相应责任。例如，乱收费、乱罚款、损害业主名誉，因不当的或低劣的服务造成损害的，这是作为的侵权；又如疏于治安管理、卫生管理、设备管理或干脆放任不管造成伤害的，则是不作为的侵权。侵权损害结果的多样性，则表现在物业管理侵权纠纷中，侵权行为的损害结果既有物质的损害、人身的损害，也有精神的损害；既有对法人或社会组织的损害，也有对自然人的损害；既有对个人的损害，也有对群众乃至一定社会关系的损害。

2. 侵权损害赔偿的法定性

与违约纠纷的处理明显不同，物业管理侵权损害的赔偿主要是依据法律、法规的规定来确定赔偿的标准与方式。

3. 侵权责任与违约责任的交叉性

侵权责任与违约责任的聚合，是民法中一个较突出的问题，这一问题在物业管理侵权纠纷中也比较明显，很多基于合同的纠纷，当事人也可按侵权纠纷的性质和方式处理。

（三）物业管理行政纠纷的特点

（1）物业管理行政纠纷产生于物业行政管理关系中，当事人在管理关系中的地位平等。一方面是代表政府行使管理职权的行政机关，另一方面是管理相对人，属于民事主体身份。

（2）物业管理行政纠纷一旦诉讼于法院，则属于行政诉讼。该类诉讼与民事纠纷性质的诉讼的最大区别，一是审理中不能调解，二是诉讼期间被诉方行政机关不得补充补据或另行收集调查证据。其他方面的权利义务是平等的。

（3）物业管理行政纠纷可能涉及财产内容，也可能不涉及财产内容。

第二节　物业管理纠纷解决的途径

一、物业管理纠纷的和解

（一）物业管理纠纷的和解概念

物业管理纠纷的和解，是指在物业管理纠纷发生以后，业主委员会或业主与物业管理企业在自愿互相谅解的基础上，通过对话、摆事实、讲道理、分清责任，从而使争议得到合理的解决。双方在和解的过程中，要态度端正，本着与人为善、诚心解决纠纷的态度进行协商。

在物业管理纠纷中，业主委员会或业主与物业管理企业的法律地位是平等的，作为物业管理者，物业管理企业要正确地看待自己的问题与不足，要勇于承担责任，以取得业主的谅解；作为业主委员会或业主，如果认为物业管理过程中自己的合法权益受到损害，或对物业管理企业提供的服务有不满之处，则可以直接找物业管理企业解决，使物业管理企业认识到自己的错误，自觉地承担责任，从而求得和解实现，避免矛盾的激化。

（二）物业管理纠纷和解应遵循的基本原则

（1）物业管理纠纷的和解必须遵守合法原则。

（2）物业纠纷的和解必须遵守公平与自治原则。

（三）物业管理纠纷和解中应注意的问题

1. 物业管理合同是当事人和解的主要依据

虽然物业纠纷的和解主要是依靠纠纷主体自身的力量来解决问题、维护自己的合法权益，但和解的过程中仍须准备好翔实、充足的证据和必要的证明材料，方能更好地解决双方的纠纷。《物业管理条例》及其他相关法律法规中都规定了业主与物业管理企业在物业管理过程中应当享有的权利和应当履行的义务，在双方签订的"物业管理合同"中也会明确约定双方的具体权利与义务，这些规定与约定当然成了当事人和解的有力依据。

2. 要注意法律中的时效规定

根据我国法律的规定，有些问题的解决具有一定的时效性。《民法典》第一百八十八条对诉讼时效的规定：向人民法院请求保护民事权利的诉讼时效期间为三年。法律另有规定的除外。诉讼时效期间自权利人知道或者应当知道权利受到损害以及义务人之日起计算。法律另有规定的，依照其规定。但是，自权利受到损害之日起超过二十年的，人民法院不予保护，有特殊情况的，人民法院可以根据权利人的申请决定延长。

对于违约、侵权等行为，一旦超过一定时间，就无法追究相应的违约责任与侵权责任。因此，如果在证据确凿、事实明确的情况下，一方故意推诿、逃避责任，对方就要果断地采取其他方式来求得问题的解决。

3. 不宜选择和解方式的情形

当业主的人身权利和财产权利遭受重大损失，或物业管理企业对业主权益的侵害行为手段恶劣时，业主便不能大事化小，接受物业管理企业的降级处理。尤其是构成刑事责任的，更不能姑息待之，直接协商和解了事。同样，物业管理企业在提供物业管理服务的过程中，如果业主的行为严重损害了公司的利益及其他业主的合法权益，造成恶劣的结果时，则不应当采取协商与和解的方式，以免对方逃避应有的法律制裁。

二、物业管理纠纷的调解

（一）调解概念

所谓调解，是指第三者依据一定的社会规范（包括习惯、道德、法律规范等），在纠纷主体之间沟通信息，摆事实讲道理，促成纠纷主体相互谅解和妥协，达成纠纷解决的合意。调解的种类有很多，我国现有的调解形式中，属于社会救济范畴的，主要有人民调解、其他社会团体组织的调解和行政调解等。

（二）调解的特点

（1）第三者的中立性。第三者（调解人）可以是国家机关、社会组织和个人，但是在调解中他们都是中立的第三方。

（2）纠纷主体的合意性。调解人对于纠纷的解决和纠纷的主体没有强制力，只是以沟通、说服、协调等方式促成纠纷主体达成纠纷解决的合意。其间，调解人的高尚人格、较强的能力、较高的社会地位等，均有助于合意的形成，但这些并不构成一种物质性强制力。对于是否运用调解、调解协议的内容等，取决于纠纷主体的合意。

（3）非严格的规范性。调解并非严格依据程序法规范和实体法规范来进行，而是具有很大程度上的灵活性和随意性。调解的开始、过程、结果常常伴随着纠纷主体的意志而变动、确定。

（三）物业管理纠纷调解应遵循的原则

1. 物业纠纷的调解必须遵守自愿平等原则

无论是哪一种方式的调解，都应当建立在双方当事人自愿的基础之上，且双方当事人都是处于平等的地位。调解不同于审判，当任何一方不同意调解时，调解的中立方均应终止调解，而不得以任何理由加以强迫。

2. 物业纠纷的调解必须遵守合法合理原则

物业纠纷的调解活动应当在合法的原则上进行，既要有必要的灵活性，更要有高度的原则性，不能违反法律的规定而妄自调解。

3. 物业纠纷的调解保护当事人诉讼权利的原则

这实质上是与自愿原则紧密相连的。如果物业管理企业与业主委员会或业主中的一方不愿经过调解，或者经过调解达不成协议，或者达成协议后又反悔的，一方或双方当事人都有权向人民法院起诉。这是法律赋予每个公民的诉讼权利，不能以任何理由加以剥夺。

（四）物业管理纠纷调解中注意的问题

1. 物业行政主管部门的调解是物业纠纷调解的主要方式

行政调解就是国家行政机关对经济活动和社会生活执行管理和监督的一种方式。它不仅可以调解公民之间的纠纷，还可以调解公民与法人之间及法人与法人之间权利义务关系的争议。这是它不同于人民调解的一个重要特点。在物业管理方面，我国物业行政主管部门调解处理了大量的物业纠纷，而通过调解的许多纠纷，大量的是双方当事人自觉履行，很少再通过诉讼途径解决。可以说，物业行政主管部门的调解可以更好地保护业主、业主委员会及物业管理企业的合法利益不受侵犯。因此，对于物业纠纷双方来讲，行政调解往往是较为理想、比较多见的解决物业纠纷的方式。

2. 调解协议不具有强制执行力

如果调解达成协议，应当制作调解书，业主与物业管理公司应按照调解书载明的内容履行各自的义务。这里需要提醒当事人的一点是，无论当事人选择哪一种调解方式来解决双方的物业纠纷，第三方主持达成的调解协议，均不具有强制执行力，如果一方或者双方对调解协议反悔的，则需要采取其他的方式来加以解决。

3. 调解与仲裁、诉讼的比较

相对于诉讼和仲裁而言，调解所内含的制度、规范的因素较少。但是与和解相比，调解的规范因素较多。在调解过程中，纠纷主体为了获得调解人的支持，往往有必要就自己的正当性对调解人进行说服，特别是调解人越具有中立性，纠纷主体所主张的正当性就越重要；调解人基于多种因素（比如体现自己的公正、有利于纠纷解决等）的考虑，常常依据正当的社会规范（包括法律规范）来协调纠纷双方的利益冲突。

三、物业管理纠纷的仲裁

仲裁是指双方当事人协议将争议提交（具有公认地位）第三者，由该第三者对争议的是非曲直进行评判并作出裁决的一种解决争议的方法。

（一）物业管理纠纷仲裁解决方式的特点

1. 自愿性

一项纠纷产生后，是否将其提交仲裁，交与谁仲裁，仲裁庭的组成人员如何产生，仲裁适用何种程序规则和哪个实体法，都是在当事人自愿的基础上，由当事人协商确定，故仲裁能充分体现当事人意思自治。

2. 灵活性

仲裁程序上不像诉讼那样严格，很多环节在协商的基础上可被简化，仲裁文书在格式和内容上都可以较为灵活的处理。不实行地域或级别管辖。在代理人方面的规定也较法院宽松。

3. 快捷性

仲裁实行一裁终局，有利于当事人之间的纠纷迅速解决。

4. 经济性

经济性具体表现在时间的节省导致费用节省；仲裁收费相对较低，由仲裁引起的商业损失较少。

5. 独立性

法律规定，仲裁机构独立于行政机关，仲裁机构之间也无隶属关系，仲裁独立进行，不受任何机关、社会团体和个人干涉，仲裁庭在审理案件时，也不受仲裁机构干涉。

（二）物业管理纠纷仲裁中需注意的方面

1. 明确仲裁的受理范围

并非所有的物业管理纠纷都能仲裁。一般来讲业主、业主会、物业服务企业及建设单位相互之间的合同纠纷和财产权益纠纷可以通过仲裁来解决；业主、业主大会、物业服务企业及建设单位与建设行政主管部门之间的行政管理纠纷，则只能提起行政复议、行政诉讼。物业服务企业与其员工之间的工资劳保等纠纷，则要先向劳动局申请行政仲裁，不服行政仲裁时，才可向人民法院起诉。

2. 订立有效的仲裁协议

仲裁协议是仲裁受理的前提，仲裁协议包括合同中订立的仲裁条款和以其他书面方式在纠纷发生前或者纠纷发生后达成的请求仲裁的协议。有效的仲裁协议应当包括：明确的请求仲裁意思表示，仲裁事项和选定的仲裁委员会。例如，想将物业管理纠纷提交深圳仲裁委员会仲裁，则可事先在合同中订立如下仲裁条款："因本合同引起的或与本合同有关的任何争议，均提请深圳仲裁委员会按照该会仲裁规则进行仲裁。仲裁裁决是终局的，对双方均有约束力。"

3. 注意仲裁的时效

一般纠纷申请仲裁的时效期为两年，特殊纠纷，如身体受到伤害要求赔偿的、出售质量不合格的商品而未声明的、延付或者拒付租金的、寄存财物被丢失或被损毁的纠纷申请仲裁时效为一年。仲裁时效期间从知道或者应当知道权利被侵害时算起。仲裁的时效，是仲裁保护当事人合法权益的法定条件，超过这一时效期，申请人的实体权益将得不到保护

4. 仲裁请求要明确具体，且符合仲裁协议约定的范围

仲裁请求必须明确具体，是指要有具体的事项和给付数额，且这些事项和数额没有超出仲裁协议约定的范围之内，否则仲裁申请将得不到受理，即使受理，也很难得到支持。这里体现了仲裁请求什么便裁决什么和仲裁只能裁决仲裁协议项下内容的原则。

5. 仲裁请求的证据材料要充分

仲裁审理遵循谁主张、谁举证的原则，要使仲裁请求得到支持，证据必须充分。因此，对于物业管理活动的参与者来说，平时注意收集和保存相关的活动资料，就显得十分重要。

（三）物业管理纠纷仲裁处理的程序

（1）一方当事人向选定的仲裁委员会提交仲裁申请书。

（2）仲裁委员会于收到申请书后5日内决定立案或不立案。

（3）案后在规定期限内将仲裁规则和仲裁员名册送申请人，并将仲裁申请书副本和仲裁规则、仲裁员名册送达被申请人。

（4）申请人在规定期限内答辩，双方按名册选定仲裁员。普通程序审理是由三名仲裁员组成，双方各选一名，仲裁委员会指定一名任首席仲裁员；案情简单、争议标的小的，可以适用简易程序，由一名仲裁员审理。

（5）开庭：庭审调查质证、辩论、提议调解。

（6）制作调解书或调解不成时制作裁决书。

（7）当事人向法院申请执行。

四、物业管理纠纷的诉讼

（一）物业管理纠纷诉讼的特点

物业管理纠纷的诉讼是指人民法院依法对物业管理纠纷进行审理判决的活动。物业管理纠纷诉讼的特点主要有以下三个方面。

（1）必须严格依照法律规定进行。为了诉讼的公正性，民事诉讼法规定了一整套极为复杂的程序和方法，法院和诉讼参与人的活动都必须依照法定程序进行。

（2）法院的审判活动在诉讼过程中起重要作用。在审判法律关系中，与当事人和其他诉讼参与人的诉讼活动不同，法院的审判活动在诉讼中始终起着重要作用，对诉讼的发生、变更和消灭具有决定性意义。这是法院行使审判权的职能所决定的。

（3）诉讼过程具有阶段性和连续性。从广义上说，程序的序位一般是：审判程序→执行程序；一审程序→上诉程序，对于生效的一审判决和上诉判决可申请再审。诉讼阶段通常是：起诉或上诉→审前准备阶段→开庭审理→作出判决→强制执行。

（二）诉讼的程序

（1）选择管辖法院。

（2）递交起诉书。

（3）交纳诉讼费。

（4）开庭审理。

（5）法院调解。

（6）法院判决。

（7）上诉。

（8）执行。

（三）诉讼时效

诉讼时效是指民事权利受到侵害的权利人在法定的时效期间内不行使权利，当时效期间届满时，债务人获得诉讼时效抗辩权。在法律规定的诉讼时效期间内，权利人提出请求的，人民法院就强制义务人履行所承担的义务。而在法定的诉讼时效期间届满之后，权利人行使请求权的，人民法院就不再予以保护。《民法典》总则编第一百八十八条对诉讼时效的规定：向人民法院请求保护民事权利的诉讼时效期间为三年。根据大部分法院判决结果来看，物业纠纷适用普通诉讼时效，即如果无法证明物业企业在诉讼时效期内行使了相应催告，当业主行使时效抗辩权时，法院只保护从立案之日起往前计算三年的债权，超过部分不予支持。

作为物业服务企业要告知业主保存好证据。例如：①上门催缴，让业主签收好催缴回执单；②被张贴催缴通知单，要拍照取证；③电话沟通时要保留录音；④保留通知短信；⑤保留微信、QQ、邮箱等电子信息；⑥通过寄送邮件，但是这种方式一定要在信封上注明"物业管理费催缴函及欠费期间"并保存好回执单；⑦申请人民调解委员会调解、通过仲裁或法院等。

本章小结

1. 物业管理纠纷是指自然人、法人、其他社会组织、国家有关行政管理部门相互之间在物业管理的民事、经济、行政活动中，因对同一项与物业有关或与物业管理服务有关或与具体行政行为有关的权利和义务有相互矛盾（对立、对抗）的主张和请求，而发生的具有财产性质的争执。

2. 物业管理纠纷可分为民事纠纷、经济纠纷、行政纠纷和刑事纠纷。

3. 物业管理纠纷的解决途径有和解、调节、仲裁和诉讼四种。

复习思考题

1. 什么是物业管理纠纷？物业管理纠纷具备哪些特点？
2. 在物业管理纠纷处理中调解、仲裁、诉讼有什么区别？
3. 简述物业管理纠纷诉讼的程序。

案例分析题

A公司B管理分公司与王某某物业服务合同纠纷案[①]

案情：2013年11月24日，王某某（甲方、被告）委托他人与B分公司（乙方、原告）签订"××物业服务合同"，约定：甲方委托乙方提供物业管理服务；甲方须按时足额缴纳物业服务费用及其他相关费用。合同签订后，王某某足额缴纳了2017年之前的物业服务费，欠缴2017年全年物业服务费至今。王某某在答辩意见中，认为自己不应该缴物业费中的电梯费，因为王某某家住一楼，不使用电梯。

问题：王某某需要缴纳电梯费吗？说明理由。

[①] 审理法院：北京市房山区人民法院，案号：〔2018〕京0111民初9017号。

即测即练

自学自测　扫描此码

参 考 文 献

[1] 王怡红. 物业管理法律法规[M]. 北京：清华大学出版社，2021.
[2] 法律出版社法规中心. 物业管理条例配套规定[M]. 北京：中国法制出版社，2012.
[3] 鲁捷，穆林林. 物业管理法律法规[M]. 北京：北京交通大学出版社，2010.
[4] 柳易林. 物业管理法律法规[M]. 北京：中国物资出版社，2015.

延伸阅读　相关法律法规

教师服务

感谢您选用清华大学出版社的教材！为了更好地服务教学，我们为授课教师提供本书的教学辅助资源，以及本学科重点教材信息。请您扫码获取。

▶ 教辅获取

本书教辅资源，授课教师扫码获取

▶ 样书赠送

企业管理类重点教材，教师扫码获取样书

 清华大学出版社

E-mail: tupfuwu@163.com
电话：010-83470332 / 83470142
地址：北京市海淀区双清路学研大厦 B 座 509
网址：http://www.tup.com.cn/
传真：8610-83470107
邮编：100084